Méthode Musicale

HARMONIENNE,

Propre à établir l'unité du langage musical,
par l'emploi de nouvelles clés de Sol.

PAR A. P. DECHENAUX,

Docteur-médecin, Professeur de Chimie,
de Botanique, &c.

à Paris,

Chez les principaux marchands de musique,
1838.

MÉTHODE MUSICALE HARMONIENNE, propre à établir l'unité du langage musical, par l'emploi de nouvelles clés de Sol. Par A. P. DECHENAUX, Docteur-medecin, Professeur de chimie, de botanique, &c. &c.

INTRODUCTION.

L'auteur de cette Méthode a donné la préférence à la clé de sol, parceque toujours elle a été employée pour indiquer les notes qui dominent dans le chant et dans l'orchestre, et qu'elle est plus généralement usitée que les clés d'ut et de fa.

Il a reproduit tous les meilleurs principes épars çà et là, parce qu'il est inutile de les répéter, com_ me on l'a fait jusqu'ici, dans les divers ouvrages qui ont pour but l'enseignement spécial de la musique vo_ cale et instrumentale, dont cette méthode est l'introduction.

Les articles qui appartiennent spécialement à l'auteur sont :

1°. La réduction de l'ancien système à la seule clé de sol.

2°. Les tableaux qui indiquent les rapports des anciennes clés avec son nouveau système.

3°. Les tableaux des rapports et de l'étendue des différentes voix et des divers instrumens.

4°. Les tableaux pour la transposition par écrit et la transposition spontanée, d'après son nouveau système.

5°. La distinction entre la valeur et la durée des notes.

6°. Les signes sur-octave et sous-octave.

7°. L'indication des mesures par un procédé en rapport avec la manière de noter.

8°. L'exposition plus précise de la loi des rapports qui existent entre la gamme primitive ou fondamen_ tale et toutes les autres gammes secondaires, ou l'exposé clairement exprimé de l'origine des dièses et des bémols.

9°. Une modification des divers systèmes de sténographie musicale.

Dès le commencement de l'année 1836, l'auteur a résolu le problème de la réduction de l'ancien système à la seule clé de sol, et terminé les autres travaux indiqués ci-dessus.

Lorsqu'on emploie une seule clé, les sept notes ut, ré, mi, fa, sol, la, si, à l'aide desquelles on produit tous les sons possibles, se trouvent toujours dans la même position relative: cette manière d'écrire abrège beaucoup l'étude et rend très-facile la lecture de la musique vocale et instrumentale.

Autrefois on employait huit clés; savoir, celles de sol 1.re et 2.e lignes; d'ut 1.re, 2.e, 3.e et 4.e lignes; de fa 3.e et 4.e lignes; et cependant, pour être moins défectueux, ce système aurait exigé une clé de plus: l'auteur a fait disparaitre cette lacune.

La suppression ancienne de la clé de sol 1.re ligne, et la suppression récente de la clé d'ut 1.re ligne, indi_ quaient déjà une tendance à l'unité du langage musical. La confusion de ce langage, due à l'emploi des différentes clés, peut être comparée à celle qui résulte de la multiplicité des langues parlées chez les dif_ férens peuples. En effet, chaque clé représente des termes différens pour exprimer la même pensée.

APERÇU DES PRINCIPES DE LA LANGUE MUSICALE.

Portée. On appelle portée la réunion de cinq lignes placées parallèlement les unes au-dessus des autres, à égale distance.

Notes. Les notes ou les signes qui représentent les sons se posent sur les lignes et dans les inter_lignes. Leur valeur est déterminée par leur figure. Quelquefois on augmente la valeur d'une note en plaçant un ou deux points à sa suite.

Triolets. On appelle triolet un groupe de trois notes sur lequel on met un 3. La valeur du triolet ne correspond qu'à celle de deux des notes qui le composent.

Silences. Les silences sont des signes dont la valeur est égale à celle des notes qu'ils remplacent.

Signes sur-octave et sous-octave. Ces signes indiquent qu'on doit tranposer huit fois plus haut ou plus bas les notes écrites.

Clés. On appelle clé un signe ou une figure que l'on place sur un point de la portée et qui fait connaitre l'intonation des notes par rapport à leur position. La clé donne son nom à la note qui est placée sur la même ligne.

Sténographie musicale. La sténographie musicale est l'art d'écrire la musique en abrégé.

Tons et demi-tons: signes qui servent à les altérer ou les modifier. On appelle ton un degré d'élévation ou d'abaissement d'un son à un autre son; demi-ton un demi degré d'élévation ou d'abaissement d'un son à un autre. Au moyen de trois signes, qui sont le dièse, le bémol et le bécarre, les sons peuvent être élevés ou abaissés d'un demi-ton, ou rétablis dans leur état naturel.

Mode. On appelle mode le ton dans lequel une pièce de musique est composée. Il y a deux modes, le majeur et le mineur.

Intervalles. On appelle intervalle la distance d'un son à un autre son plus grave ou plus aigu. Il y a sept intervalles: savoir ceux de seconde, de tierce, de quarte, de quinte, de sixte, de septième et d'octave.

Mesure. La mesure est la division d'un morceau de musique en parties égales. Chaque mesure se divise elle-même en parties égales qu'on appelle temps. Les mesures fondamentales sont celles à deux et à trois temps, toutes les autres en dérivent.

Accolade. L'accolade est un trait qui sert à réunir deux ou un plus grand nombre de portées.

Liaisons. La liaison est une ligne courbe qui sert à lier plusieurs notes.

Détaché. Le détaché est un signe qui indique que chaque note doit être détachée de la précédente et de la suivante.

Piqué. Le piqué est un signe qui indique que les notes doivent être exécutées comme si elles étaient séparées par un silence.

Syncope. La syncope est une note coupée par le temps ou par la mesure.

Point d'orgue. Le point d'orgue est un signe qui indique qu'on peut s'arreter à volonté sur une note ou sur un silence.

Reprise. La reprise est un signe qui indique les différentes parties d'un morceau de musique.

Renvoi. Le renvoi est un signe qui indique d'aller à l'endroit où ce même signe est répété.

Nuances. Les nuances servent à varier l'expression des instrumens et de la voix; exemples: PIANO, FORTE.

Mouvemens. Les mouvemens sont les divers degrés de lenteur et de vitesse de la mesure; exemples: LARGO, PRESTO.

Mélodie. La mélodie est une succession de sons d'où résulte un chant agréable.

Notes d'agrément ou appogiatures simples et doubles. Les appogiatures sont des notes étrangères aux accords. On les écrit habituellement avec de petites notes, et quelquefois avec des notes ordinaires. Les appogiatures sont simples quand elles ne se composent que d'une petite note. Les appogiatures doubles ou groupetti sont de petits groupes de deux ou trois notes.

Anticipations. L'anticipation est une note réelle prise avant le temps où elle se trouve dans la mélodie simple, et qui sert à lier les sons qui se succèdent.

Port de voix. Le port de voix est une petite note ou une note réelle, d'une valeur toujours plus courte que celle de la note qui suit, et dont l'intervalle varie depuis la tierce jusqu'à l'octave.

Trilles ou Cadences. Le trille ou tremblement de son est un ornement du chant qui se compose de la note réelle et de son appogiature supérieure.

Transposition. Transposer c'est transcrire, chanter ou jouer sur un ton différent de celui dans lequel un air est noté. Donc on transpose de deux manières; par écrit ou par pensée. La transposition par écrit est préférable, parce qu'elle est facile: La seconde offre toujours des difficultés.

NOTA. Pour que les élèves puissent être exercés au chant dès le commencement du cours de musique, il est nécessaire qu'ils étudient cet aperçu des principes de la langue musicale. Lorsqu'il en est besoin, le professeur doit donner, au tableau, les explications nécessaires.

DE LA PORTÉE.

On appelle portée la réunion de cinq lignes placées parallèlement les unes au-dessus des autres, à égale distance; exemple:

La ligne inférieure s'appelle première ligne: la supérieure est la cinquième. Les chiffres qui sont en regard des lignes indiquent leur position relative.

Lorsque la portée ne suffit pas pour écrire une succession de notes on ajoute à celles-ci, soit au-dessus, soit au-dessous de la portée, un plus ou moins grand nombre de petites lignes qui n'en sont que la suite.

On appelle interlignes les espaces qui existent entre les lignes. Le premier interligne est entre la 1re et la 2e ligne; le second entre la 2e et la 3e; et ainsi de suite pour les 3e et 4e interlignes.

DES NOTES.

Les notes ou les signes qui représentent les sons se posent sur les lignes et dans les interlignes. Chaque ligne et chaque espace forment un degré.

Avec les sept notes ou signes qu'on appelle UT, RÉ, MI, FA, SOL, LA, SI, on
représente tous les sons produits par les divers instrumens et les différentes voix. Ces signes, répétés
successivement en montant, forment plusieurs sur-octaves; répétés en sens inverse, ils forment plusieurs
sous-octaves.

VALEUR ET DURÉE DES NOTES.

Il faut ne pas confondre la valeur et la durée des notes.

La VALEUR des notes n'est autre chose que leur grandeur mathématique, représentée par l'unité 1 et
ses fractions $1/2, 1/4, 1/8^e, 1/16^e, 1/32^e, 1/64^e$. C'est à cause de cela que, pour indiquer les différentes mesures, on
a représenté la ronde ou unité par 1; la blanche ou la 1/2 unité par 2; la noire ou 1/4 d'unité par 4;
la croche ou $1/8^e$ d'unité par 8; la double croche ou $1/16^e$ d'unité par 16; ainsi, la valeur relative des notes est toujours fixe, absolue, quel que soit le mouvement.

Au contraire, la DURÉE de la note est le temps plus ou moins long pendant lequel on soutient le
son. Elle n'a rien d'absolument fixe, car elle dépend du mouvement dans lequel on exécute le morceau
de musique. Ainsi la durée d'une croche ou $1/8^e$ d'unité, dans un largo, peut égaler celle d'une blanche
ou 1/2 unité, dans un presto, et même celle de la ronde ou unité, dans un mouvement prestissimo. Donc
la durée des notes n'est fixe que dans le même mouvement.

La valeur des notes est déterminée par leur figure.

Dans l'ancienne musique d'église on employait des notes carrées dont voici la valeur.

MAXIME ou NOTE CARRÉE .... ⬚ . Elle valait deux brèves ou quatre rondes.

NOTES BRÈVES .... ⬚   ⬚ . La note brève valait deux rondes.

RONDES .... o o   o o

Maintenant on n'emploie plus les notes maximes ou carrées, ni les notes brèves.

TABLEAU DE LA VALEUR DES NOTES.

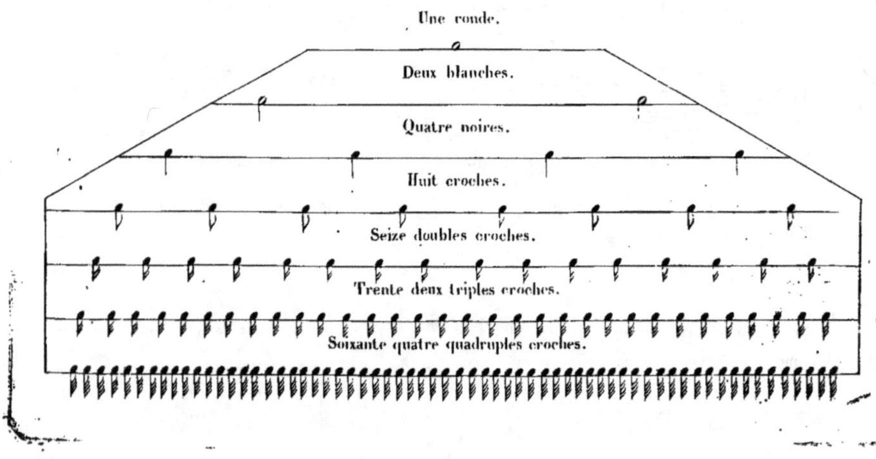

Dans ce tableau, on voit que la valeur des notes va toujours se subdivisant, c'est-à-dire que la ronde vaut deux blanches, la blanche deux noires, la noire deux croches, la croche deux doubles croches, la double croche deux triples croches, la triple croche deux quadruples croches: de sorte que les notes qui se trouvent sur la même ligne horizontale ont la même valeur que celles qui constituent l'une des lignes supérieures ou inférieures.

Lorsque plusieurs croches, doubles croches, triples croches ou quadruples croches se suivent, on les lie ordinairement avec une, deux, trois ou quatre barres, comme dans les exemples suivans:

Quelquefois on abrège le nombre des notes en les écrivant comme il suit:

Pour les notes qui sont semblables ou à l'unisson, et qui durent pendant toute une mesure, on écrit une ronde avec une, deux, trois ou quatre barres obliques ou horizontales placées au-dessous, selon qu'on veut indiquer des croches, des doubles, des triples ou quadruples croches.

Exemples.

Lorsque toutes les notes de la même mesure ne sont pas à l'unisson, on emploie le même système, mais en écrivant des blanches ou des noires comme il suit:

DU POINT.

Quelquefois on augmente la valeur d'une note en plaçant un ou deux points à sa suite. Lorsqu'on met un seul point la valeur de la note est augmentée de moitié. Lorsqu'on en place deux le dernier point augmente la valeur de la note de la moitié du point qui précède.

Exemples de la valeur des notes uni-pointées ou suivies d'un seul point.

On voit que la blanche uni-pointée vaut trois noires; la noire uni-pointée trois croches; la croche uni-pointée trois doubles croches; la double croche uni-pointée trois triples croches; la triple croche uni-pointée trois quadruples croches.

Exemples de la valeur des notes bi-pointées ou suivies de deux points.

On voit que la blanche bi-pointée vaut trois noires et une croche; la noire bi-pointée trois croches et une double croche; la croche bi-pointée trois doubles croches et une triple croche; la double croche bi-pointée trois triples croches et une quadruple croche.

DES TRIOLETS.

On appelle triolet un groupe de trois notes sur lequel on met un 3. Le triolet composé de trois noires vaut seulement une blanche; le triolet de trois croches vaut une noire; le triolet de trois doubles croches vaut une croche.

Exemples:

Lorsqu'on veut grouper deux triolets il faut les surmonter du chiffre 6.

Exemples:

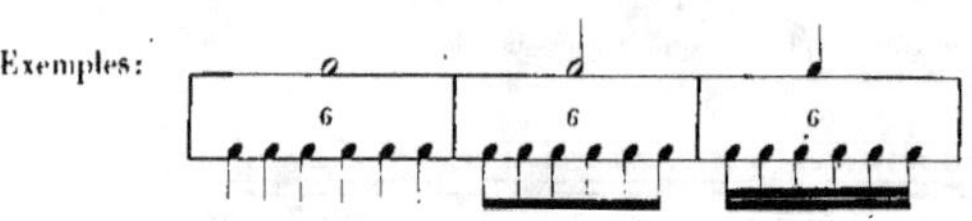

DES SILENCES

Les silences sont des signes à l'aide desquels on indique la valeur des notes qu'ils remplacent. Le tableau suivant offre les valeurs correspondantes.

La pause vaut une ronde; la demi-pause une blanche; le soupir ou quart de pause une noire; le demi-soupir ou huitième de pause une croche; le quart de soupir ou seizième de pause une double croche; le huitième de soupir ou trente deuxième de pause une triple croche; le seizième de soupir ou soixante quatrième de pause une quadruple croche.

Les points placés après les silences ont la même valeur que ceux qui se trouvent après les notes.

Pour indiquer qu'on doit passer en silence un grand nombre de mesures, on met au-dessus de la pause un chiffre qui indique ce nombre. On peut employer le même moyen pour deux, trois ou quatre mesures.

DE L'OCTAVE ET DES SIGNES SUR-OCTAVE ET SOUS-OCTAVE.

On appelle octave un intervalle composé de cinq tons et deux demi-tons.

On donne encore le nom d'octave à la huitième note ou la répétition de celle d'où l'on est parti, quand on parcourt la gamme.

La note sur-octave est la huitième au-dessus de celle qui est écrite: elle n'est que la répétition de celle-ci;

mais elle produit un son plus aigu ou plus élevé: elle s'exprime par le chiffre huit surmonté d'un trait. $\bar{8}$.
on peut même, pour l'octave la plus élevée de la section aiguë, employer le signe sur-bi-octave $\bar{\bar{8}}$, qui trans_
pose de deux octaves.

La note sous-octave ou la huitième au-dessous de celle qui est écrite n'est que la répétition de celle-ci;
mais elle produit un son plus grave ou plus bas: elle s'exprime par le chiffre huit, avec un trait dessous. $\underline{8}$.

Les signes sur-octave $\bar{8}$ et sous-octave $\underline{8}$ ne doivent pas être considérés comme des clés: ils ne sont que
des signes transpositeurs, parce qu'ils ne déterminent pas la position relative des octaves: ils indiquent seu_
lement que la note ou les notes écrites sont transposées à une octave au-dessus ou au-dessous.

Ces deux signes peuvent s'appliquer à une ou à plusieurs notes. Quand ils ne s'appliquent qu'à une seule
note, on met les signes sur-octave et sous-octave soit au-dessus, soit au-dessous de la note.

Exemples:

Lorsque ces signes s'appliquent à plusieurs notes qui se suivent on les met sur la portée, et lorsqu'on
veut faire cesser leur effet on écrit le mot LOCO.

Exemples:

On indique encore la prolongation du signe 8.ᵛᵉ placé au-dessus ou au-dessous des notes par un trait en zig-zag 8.⌐⌐⌐⌐

DES CLÉS.

On appelle clé un signe ou une figure que l'on place sur un point de la portée et qui fait connaître l'intona_
tion des notes par rapport à leur position. La clé donne son nom à la note qui est sur la même ligne: par
conséquent la clé de sol placée sur la seconde ligne indique que la note qui se trouve sur cette même ligne
est un sol; que la huitième note sur-octave ou sous-octave est également un sol et ainsi de suite pour les
autres notes sur-octaves et sous-octaves.

TABLEAU DES HUIT CLÉS EMPLOYÉES JUSQU'À CE JOUR.

Clé de sol sur la 1.ʳᵉ ligne.
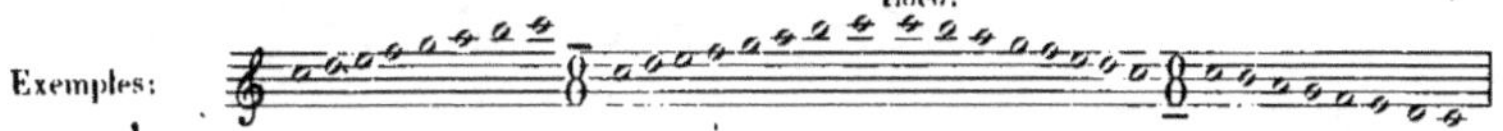

Depuis longtemps on ne fait plus usage de cette clé: elle n'est que la répétition de la clé de fa 4.ᵉ ligne,
deux octaves au-dessus. On l'employait autrefois pour les dessus de violon.

Clé de sol sur la 2.ᵉ ligne.

Cette clé sert pour les divers instrumens qui produisent les sons aigus ou élevés, et pour les voix de
soprano ou de dessus.

Clé d'ut sur la 1.ʳᵉ ligne.

Cette clé sert encore à écrire la musique pour voix de soprano. Cependant, depuis peu de temps, on a commencé à la remplacer par la clé de sol 2ᵉ ligne.

Clé d'ut sur la 2ᵉ ligne.

Cette clé ne sert que pour la transposition.

Clé d'ut sur la 3ᵉ ligne.

Cette clé sert pour l'instrument appelé alto et pour la voix de contre-alto ou voix basse de femme.

Clé d'ut sur la 4ᵉ ligne.

Cette clé sert pour les instrumens appelés basse, basson, &c.; pour la voix de tenor ou taille, et la voix mixte de haute-contre.

Clé de fa sur la 3ᵉ ligne.

Cette clé ne sert que pour la transposition. Autrefois on l'employait pour la voix mixte de bariton.

Clé de fa sur la 4ᵉ ligne.

Cette clé sert pour les instrumens appelés basse, basson, contre-basse, &c.; pour les voix de basse-taille et de basse-contre, et la voix mixte de bariton.

La musique de contre-basse et de l'octave basse du piano s'écrivant avec la clé de fa 4ᵉ ligne, il est évident que l'ancien système serait moins défectueux si l'on y avait ajouté une clé de plus, pour désigner la gamme sous-octave de la clé de fa. En effet, si l'on admettait une seule clé pour ces deux octaves, il n'y avait aucune raison de ne pas l'admettre pour les autres octaves de l'échelle musicale. On a donné pour prétexte de cette exception que la contre-basse établit elle-même la différence d'octave par la nature de ses sons: mais on verra que ce prétexte est de nulle valeur, en faisant attention que les autres instrumens et les voix qui se rapportent aux octaves supérieures de l'échelle musicale établissent également la différence d'octave par la nature de leurs sons. Dans la méthode harmonienne cette défectuosité disparaît entièrement.

RAPPORTS DE CES HUIT CLÉS ENTRE-ELLES.

1ᵉʳ Exemple.

Les notes restent sur la même ligne et les sons descendent par tierces.

2ᵐᵉ Exemple.

Tous ces ut sont semblables ou à l'unisson, quoique les notes descendent par tierces.

Il résulte de là qu'on peut écrire une octave en changeant de clé à chaque note.

Exemple
d'une octave ascendante.

Chaque note monte d'un degré quoique placée en descendant.

Exemple
d'une octave descendante.

Chaque note descend d'un degré, quoique placée en montant.

MOTIFS DE L'EMPLOI DE CES CLÉS. ÉTENDUE DE L'ECHELLE MUSICALE.

On a imaginé ces différentes clés, afin de noter plusieurs octaves ou la plus grande partie de l'échelle musicale dans la portée, et pour se servir le moins possible de lignes supplémentaires ou ajoutées, soit pour monter au-dessus, soit pour descendre au-dessous de la portée. Cependant il faut remarquer que la clé d'ut 2ᵉ ligne n'a été adoptée que pour la transposition.

L'échelle musicale ou l'étendue des sons que peuvent fournir les divers instrumens d'un orchestre et les différentes voix comprend sept octaves.

Le violon exécute près de quatre octaves dans les tons aigus ou élevés: l'alto descend d'une octave au-dessous de l'ut le plus bas du violon: la basse descend d'une octave au-dessous de l'ut le plus bas de l'alto: la contre-basse près d'une octave au-dessous de la basse. La portée du piano est de sept octaves. Cet instrument descend jusqu'à l'ut sous-octave de l'ut le plus bas de la basse; en conséquence il donne deux notes plus graves que celles de la contre-basse à quatre cordes: c'est ce que l'on verra au tableau de la portée des instrumens.

L'échelle musicale peut se diviser en trois sections, savoir: la section du grave, la section du médium, la section de l'aigu. Ces trois sections s'appliquent aux instrumens et aux voix.

On emploie la clé de fa sur la 4ᵉ ligne pour la section du grave: les clés d'ut 3ᵉ et 4ᵉ lignes pour la section du médium: les clés d'ut 1ʳᵉ ligne et de sol 2ᵉ ligne pour la section de l'aigu.

La section grave comprend la basse, la contre-basse, &c., pour les instrumens: la basse-taille et la basse-contre, pour les voix.

La section du médium comprend l'alto, pour les instrumens: le ténor ou taille et le contre-alto, pour les voix.

La section de l'aigu comprend le violon, la flûte, le haut-bois, &c., pour les instrumens: le soprano ou dessus, pour les voix.

D'après ce que nous venons de dire on voit que l'ut le plus bas de la clé de sol 2ᵉ ligne se trouve une octave au-dessus de l'ut le plus bas de la clé d'ut 3ᵉ ligne, et deux octaves au-dessus de l'ut le plus bas de la clé de fa 4ᵉ ligne.

Mais en voulant ainsi éviter l'inconvénient qui résulterait de lignes ajoutées à la portée, on est tombé dans un autre inconvénient peut-être plus grave encore, celui de donner des noms différens aux notes placées sur les cinq lignes et dans les quatre interlignes, ainsi qu'à celles qui se trouvent au-dessus et au-dessous de la portée. Les gammes précédentes écrites avec les différentes clés en sont une preuve frappante: par exemple, le SOL placé sur la 2ᵉ ligne avec la clé de sol ordinaire devient un SI avec la clé de sol 1ʳᵉ ligne; un MI avec la clé d'ut 1ʳᵉ ligne; un UT avec la clé d'ut 2ᵉ ligne; un LA avec la clé d'ut 3ᵉ ligne; un FA avec la clé d'ut 4ᵉ ligne; un RÉ avec la clé de fa 3ᵉ ligne; un SI avec la clé de fa 4ᵉ ligne. On a ainsi créé huit signes différens pour exprimer le même son; et réciproquement la note placée sur la même ligne donne autant de sons différens. Par conséquent, on trouve dans la lecture de la langue musicale des difficultés analogues à celles qui résultent de la multiplicité des langues parlées: en effet, huit langues différentes exprimeraient la note sol par huit mots différens.

Nous allons donner un aperçu des moyens proposés par quelques auteurs soit pour la suppression complète des clés, soit pour ramener toute la musique à une seule clé; ensuite nous exposerons la méthode harmonienne.

APERÇU DE LA STÉNOGRAPHIE MUSICALE.

La sténographie musicale est l'art d'écrire la musique en abrégé et sans clé.

Jean Jacques Rousseau, dans son dictionnaire de musique, article notes, cite un ouvrage publié en 1743 et intitulé: DISSERTATION SUR LA MUSIQUE MODERNE, où l'on proposait de représenter les sept notes de la gamme par les chiffres 1 2 3 4 5 6 7, en les traversant d'une ligne horizontale. L'auteur écrivait au-dessus
ut, ré, mi, fa, sol, la, si,
de la ligne les notes de l'octave supérieure, et au-dessous celles de l'octave inférieure. En ajoutant une ligne accidentelle au-dessus ou au-dessous de celle-ci, il écrivait d'autres octaves supérieures ou inférieures;

Exemples . ———1234567——1234567——1234567——1234567——1234567——

J.J. Rousseau modifia cette méthode en supprimant la barre continue et les barres accidentelles et plaçant les chiffres sur un même rang; exemple: 1 2 3 4 5 6 7 1 2 3 4 5 6 7 1 1. Si l'on écrit une note appartenant à l'octave supérieure à celle où l'on est, on met un point sur cette note. Ce point suffit pour toutes les notes suivantes qui demeurent sans interruption dans l'octave où l'on est entré. Si l'on redescend d'une octave à l'autre on met un autre point sous la note par laquelle on y rentre. On voit dans l'exemple précédent le progrès de deux octaves tant en montant qu'en descendant. Cette méthode est défectueuse: 1° parce qu'elle ne détermine pas d'une manière précise l'octave d'où l'on part; 2° parce qu'en mettant un point sous la note pour indiquer que l'on rentre dans la première octave, cette note et celles qui suivent semblent moins appartenir à cette première octave qu'à celle qui est au-dessous.

Galin a fait disparaître cet inconvénient en notant comme il suit trois octaves de sons, allant du grave à l'aigu: 1234567 1234567 1234567. Avec cette modification les octaves deviennent parfaitement distinctes. Mais cette manière d'écrire qui peut facilement s'appliquer à de petits airs propres à commencer l'étude de la musique vocale, ne peut convenir pour la musique instrumentale dont l'échelle est de sept octaves; car on serait obligé de doubler et de tripler le nombre des points supérieurs et inférieurs, ce qui amènerait une confusion extrême pour la musique écrite en partition et même pour celle de piano: les points inférieurs de l'octave basse se confondraient avec ceux de l'octave haute de la portée suivante. Outre ce grave inconvénient, comment distinguerait-on les points qui indiquent les différentes octaves de ceux qui indiquent fréquemment le piqué et le staccato? Comment distinguerait-on les chiffres qui indiquent le doigter d'un instrument d'avec ceux qui représentent les notes?

Quant aux valeurs des notes, aux dièses, bémols et silences, Galin n'a rien changé aux signes proposés par J. J. Rousseau. Ces deux auteurs, comme les anciens, n'admettent que deux sortes de mesures; savoir, la mesure à deux temps et la mesure à trois temps. Le dièse se forme en traversant la note d'un trait montant de gauche à droite de cette manière; fa dièse ꞁ: ut dièse ꞁ. On marque le bémol par un trait descendant de gauche à droite: si bémol ꞁ: mi bémol ꞁ. Le bécarre est supprimé.

Les valeurs des notes ne se déterminent que sur la sorte de mesure dans laquelle elles sont employées. Une note seule entre deux barres remplit toute une mesure. Dans la mesure à deux temps, deux notes remplissant la mesure, forment chacune un temps. Trois notes font la même chose dans la mesure à trois temps. S'il y a quatre ou six notes dans une mesure à deux temps on passe deux ou trois notes pour chaque temps qui se trouve ainsi divisé en deux ou trois parties égales. Il en est de même pour la mesure à trois temps lorsqu'elle contient six ou neuf notes. Ainsi le temps de la mesure est l'unité invariable à laquelle on rapporte la durée des sons.

Les divisions inégales sont ramenées à l'égalité par un trait dont on couvre deux ou plusieurs notes. Par exemple, si un temps contient une croche et deux doubles croches, un trait horizontal au-dessus ou au-dessous des deux doubles croches, montrera qu'elles ne font ensemble qu'une quantité égale à la précédente, et par conséquent qu'une croche; ex: | 1 2 3 | . Il y a encore des subdivisions d'inégalité qui peuvent exiger deux traits, comme si une croche pointée était suivie de deux triples croches, alors il faudrait premièrement un trait sur les deux notes qui représentent les triples croches, ce qui les rendrait emsemble égales au point, puis un second trait qui, couvrant le trait précédent et le point, rendrait tout ce qu'il couvre égal à la croche 1 . 2 3

Le point se compte pour une note: il a toujours la valeur de la place qu'il occupe: s'il remplit une mesure, il vaut une mesure; s'il est dans un temps avec une note il vaut la moitié de ce temps: il sert à prolonger les silences et les sons.

Les silences sont représentés par un zéro o. Le zéro s'emploie comme les notes et comme le point.

La méthode du MÉLOPLASTE appartient à Galin: elle consiste dans la lecture au tableau, sans clés et sans notes, à l'aide d'une portée sur laquelle la baguette du professeur remplace les notes. Cette portée est divisée en trois cases, l'une pour les notes naturelles, l'autre pour les notes diésées, la troisième pour les notes bémolisées. Au-dessous de la portée est une ligne ajoutée: au-dessus on en met deux, afin d'indiquer l'étendue des différentes voix.

L'emploi du méloplaste offre l'avantage d'habituer rapidement les élèves à l'intonation, parce que n'ayant qu'à suivre le mouvement de la baguette, ils ne sont pas préoccupés par la vue de plusieurs notes, ni par la recherche de leur valeur et de la mesure. On voit que c'est l'écriture notée transportée en abrégé au tableau.

MODIFICATION DES DIVERS SYSTÈMES PRÉCÉDENS, par l'auteur de la MÉTHODE HARMONIENNE.

Afin de rémédier aux défectuosités des systèmes précédens, je forme l'échelle sténographique de trois lignes permanentes que l'on peut employer à la fois ou isolément. La ligne supérieure ou celle de la section aigue est surmontée d'un point ⸱⸺; la ligne inférieure ou celle de la section grave offre un point au-dessous ⸺; celle du médium ne prend pas de point ⸺.

L'étendue du piano étant plus grande que celle des autres instrumens, exige l'emploi des trois lignes.

Exemple.

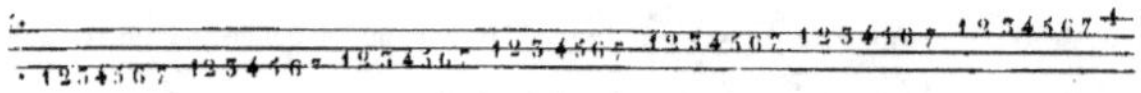

Pour les autres instrumens et les voix on emploie une, deux ou trois lignes selon leur étendue et la place qu'ils occupent dans l'échelle musicale. C'est ce que l'on verra au tableau sténographique de la portée des instrumens et des voix. Si l'on emploie la ligne de la section aigue, on met un point au-dessus: si l'on emploie la ligne de la section grave on met un point au-dessous: si l'on emploie la ligne du médium on ne met aucun point. Ainsi, que l'on emploie une seule ligne, ou 2 ou 3 à la fois, il est toujours facile de reconnaître le point de l'échelle musicale où se trouvent les notes écrites.

Les chiffres que l'on emploie pour indiquer le doigter des instrumens sont remplacés par des points. Ex: i 2 3 4 5. On évite ainsi toute confusion.

Pour établir l'unité entre l'écriture chiffrée et l'écriture notée, on donne aux chiffres une valeur fixe indépendante de leur durée.

L'unité qui représente la ronde n'est accompagnée d'aucun signe .... 1 = 𝅝

La 1/2 unité qui représente la blanche est surmontée de l'accent circonflexe .... 1̂ = 𝅗𝅥

Le 1/4 d'unité qui représente la noire est surmonté de l'accent grave .... 1̀ = 𝅘𝅥

Le 1/8ᵉ d'unité qui représente la croche offre un trait horizontal au-dessus ou au-dessous .... 1 = 𝅘𝅥𝅮

Le 1/16ᵉ d'unité qui représente la double croche offre deux traits, soit dessus, soit dessous .... 1 = 𝅘𝅥𝅯

Le 1/32ᵉ d'unité qui représente la triple croche offre trois traits, soit dessus, soit dessous .... 1 = 𝅘𝅥𝅰

Le 1/64ᵉ d'unité qui représente la quadruple croche offre quatre traits, soit dessus, soit dessous ... 1 = 𝅘𝅥𝅱

Les points et les silences conservent les mêmes valeurs et les mêmes figures que celles qu'on leur attribue dans la musique notée.

Le dièse s'indique par un trait oblique qui traverse le chiffre en montant de gauche à droite ♯; le bémol s'indique par un trait oblique qui traverse le chiffre en descendant de gauche à droite ♭; le bécarre s'indique par un trait perpendiculaire. Pour éviter de barrer toutes les notes diésées ou bémolisées, dans les tons où il y a beaucoup de dièses ou de bémols, on écrit les notes diésées ou bémolisées dans un carré que l'on place, à chaque page, au commencement de la première échelle sténographique Ex: Et, si l'on change de ton dans le même morceau de musique, on écrit le changement de ton de la même manière, dans le courant de l'échelle sténographique: de sorte que les dièses, bécarres et bémols accidentels sont les seuls qu'on ait à noter isolément.

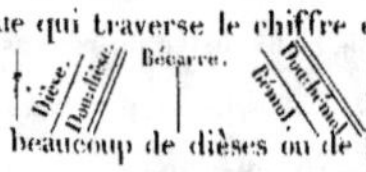

La sténographie musicale peut être employée par les élèves, pour écrire de petites leçons vocales et instrumentales. Quant à la musique notée, je pense qu'elle sera toujours préférée pour les ouvrages gravés ou imprimés.

MOYENS PROPOSÉS POUR RAMENER LA MUSIQUE À UNE SEULE CLÉ.

Un illustre auteur, Charles Fourier, dit, dans son TRAITÉ D'ASSOCIATION, publié en 1822, page 345, «Combien compterait-on de ces erreurs, soit générales, &c., soit spéciales et bornées à un art, comme la stupide coutume de noter la musique sur onze lignes; tandis qu'en notant sur 12 lignes, dont deux intermédiaires, 6, 7, en blanc, tout serait ramené à une seule clé. Le même auteur, dans un autre ouvrage publié en 1829, et intitulé le NOUVEAU MONDE INDUSTRIEL, pages 568 et 569, indique deux procédés en disant: «On peut établir l'unité des clés en plaçant celle de sol sur la 1ʳᵉ ligne (ce qui ramène évidemment la clé de sol à la clé de fa 4ᵉ ligne; et alors on est obligé, pour compléter le système d'unité, d'écrire la clé d'ut sur le 2ᵉ interligne): «soit en plaçant la clé de fa en 5ᵉ ligne (ce qui ramène évidemment la clé de fa à celle de sol 2ᵉ ligne; et alors on est obligé, pour compléter le système d'unité, de placer la clé d'ut sur le 3ᵉ interligne). Dans le 1ᵉʳ procédé, la partie d'alto ou médium est écrite dans les 2ᵉ, 3ᵉ, 4ᵉ et 5ᵉ interlignes, et sur les 3ᵉ, 4ᵉ, 5ᵉ et 6ᵉ lignes. Dans le 2ᵉ procédé, la partie d'alto ou médium est écrite dans les 3ᵉ, 4ᵉ, 5ᵉ et 6ᵉ interlignes, et sur les 4ᵉ, 5ᵉ, 6ᵉ et 7ᵉ lignes.

Exemple de la musique ramenée à la clé de fa 4ᵉ ligne.   Exemple de la musique ramenée à la clé de sol 2ᵉ ligne.

On voit que pour le piano, la clé inférieure ou celle de fa et la clé supérieure ou celle de sol suffisent, comme à l'ordinaire, tandis que pour les autres instrumens dont l'étendue est moins considérable et dont la musique ne s'écrit que sur une seule portée, on peut employer isolément ou successivement l'une ou l'autre de ces trois clés. Mais lorsqu'on emploie isolément la clé d'ut, il faut, comme à l'ordinaire, commencer à écrire son octave basse au-dessous de la portée; afin d'utiliser les lignes inférieures.

Quoique au premier aspect ces deux procédés paraissent satisfaisans ils sont cependant illogiques, et aussi incomplets que l'ancien système. Ils sont aussi incomplets, car ils ne représentent pas l'octave basse de l'échelle musicale. Ils sont illogiques, car dans les deux cas on emploie des clés dont le caractère est complétement annulé. En effet, dans le premier procédé, il est évident que les clés d'ut et de sol se trouvent abolies, puisqu'elles sont remplacées par la clé de fa 4ᵉ ligne: que l'on supprime les clés d'ut et de sol, la clé de fa suffira. Dans le second procédé, il est également évident que les clés de fa et d'ut se trouvent abolies puisqu'elles sont remplacées par la clé de sol 2ᵉ ligne: que l'on supprime les clés de fa et d'ut, la clé de sol suffira. D'après ces observations il est évident qu'il n'est pas convenable d'employer des clés de noms différens et de figures différentes pour indiquer des notes de noms semblables.

Persuadé qu'il était indispensable d'employer la même clé, je fis une foule d'essais pour y parvenir: enfin j'arrivai à la solution du problème de la manière suivante.

THÉORIE DE LA MÉTHODE HARMONIENNE.

* Voyez cette notation, page 46.

THÉORIE DE LA MÉTHODE HARMONIENNE.

J'emploie la seule clé de sol sur la 2ᵉ ligne avec des signes distinctifs analogues à ceux dont on se sert pour les lettres des figures géométriques. Ainsi, de même que l'on dit A prime, A; A seconde, A; A tierce, A; A quarte, A; pour distinguer la même lettre, je dis: clé de sol prime ou première 𝄞; clé de sol seconde 𝄞; clé de sol tierce ou troisième 𝄞; clé de sol quarte ou quatrième 𝄞.

D'après cette méthode on a quatre portées, savoir: une pour la section aigue; une pour la section du medium; deux pour la section grave. Chaque portée à sa clé de sol sur la 2ᵉ ligne, et cependant ces quatre clés se résument en une seule, puisqu'elles ne changent pas de figure et que les notes ne changent pas de nom, mais se trouvent seulement à des octaves différentes indiquées par les signes prime, seconde, tierce et quarte. La clé de sol devient à la fois unique et multiple. La famille des clés est ainsi réduite à un seul genre qui comprend quatre espèces: de sorte que j'ai établi une analogie entre la classification des clés et celle des familles, des genres et espèces des êtres organiques et inorganiques.

Il est évident que j'aurais pu adapter ces mêmes signes à la clé d'ut 𝄡 𝄡 𝄡 𝄡, de même qu'à celle de fa 𝄢 𝄢 𝄢 𝄢; mais, comme je l'ai déjà fait remarquer, l'emploi de la clé de sol 2ᵉ ligne est préférable, parce que cette clé est plus généralement connue et usitée et qu'elle a toujours été employée pour les voix et les instrumens qui dominent dans le chant et dans l'orchestre. Il est encore évident que des points 𝄞 𝄞 𝄞 𝄞, des lignes 𝄞 𝄞 𝄞 𝄞, des chiffres 𝄞 𝄞 𝄞 𝄞, ou tout autres signes, pourraient être employés, mais ces signes n'offriraient pas des noms aussi heureux, pour la distinction des quatre espèces de clés de sol; que ceux de prime, seconde, tierce et quarte: et si, conservant ces dénominations de prime, seconde, tierce et quarte, on changeait les signes, ceux-ci offriraient le grave inconvénient de n'être pas d'accord avec ceux qui sont adoptés depuis fort-longtemps par tous les géomètres.

On compte les quatre portées de haut en bas, c'est-à-dire en sens inverse des lignes de chacune d'elles.

1ʳᵉ Portée ou portée supérieure. Clé de sol prime ou première.

La clé de sol prime ou première comprend la section aigue, qui se compose de quatre octaves. Elle correspond à la clé de sol ordinaire.

On l'emploie pour le violon et les autres instrumens de dessus, ainsi que pour les voix de soprano.

2ᵐᵉ Portée Clé de sol seconde.

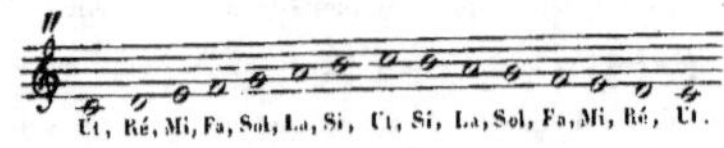

La clé de sol seconde comprend la section du médium. Elle remplace les clés d'ut 3ᵉ et 4ᵉ lignes. L'ut le plus bas de cette clé est sous-octave de l'ut le plus bas de la clé de sol prime; il en est de même pour toutes les autres notes.

On l'emploie pour l'alto, les voix de contre-alto et de ténor, ainsi que pour la voix mixte de haute-contre.

Quelques personnes s'imaginent que la clé d'ut 4ᵉ ligne était utile, afin de distinguer la partie de chant du ténor d'avec celle de contre-alto, pour lequel on emploie la clé d'ut 3ᵉ ligne. C'est une erreur, car si un changement était nécessaire pour la clé d'ut il le serait également pour les clés de fa et de sol qui servent pour plusieurs instrumens différens. Ce serait admettre la nécessité d'une clé particulière pour chaque voix et chaque instrument : or les clés ne sont point destinées à distinguer les divers instrumens et les différentes voix, mais seulement les différentes octaves de l'échelle musicale. Si, dans une partition, les noms de chaque instrument et de chaque voix ne suffisent pas pour les distinguer, le meilleur moyen est de graver la figure de chaque instrument au commencement de la portée qui lui est destinée, et des figures de femmes et d'hommes pour les portées destinées aux voix.

5ᵉ. Portée Clé de sol tierce ou troisième.

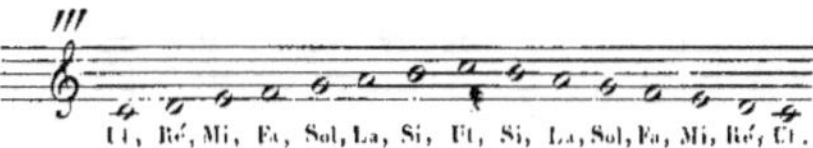

La clé de sol tierce ou troisième comprend l'octave supérieure de la section grave. Elle remplace la clé de fa 4ᵉ ligne. On l'emploie pour la basse, le basson, &c., pour la voix de basse-taille et la voix mixte de bariton. L'ut le plus bas de cette clé est sous-octave de l'ut le plus bas de la clé de sol seconde; il en est de même pour toutes les autres notes.

4ᵉ. Portée Clé de sol quarte ou quatrième.

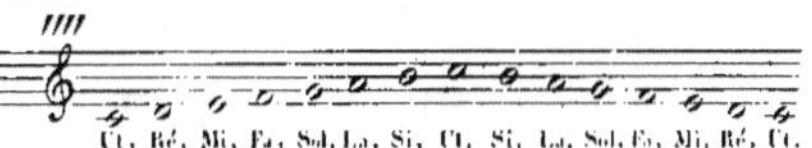

La clé de sol quarte ou quatrième comprend l'octave inférieure de la section grave. Elle remplace la clé de Fa 4ᵉ ligne, dont on se servait mal-à-propos pour écrire la musique de contre-basse et l'octave basse du piano; elle remplit ainsi la lacune qui existait dans l'ancien système. L'ut le plus bas de cette clé est sous-octave de l'ut le plus bas de la clé de sol tierce : il en est de même pour toutes les autres notes.

Pour le piano dont l'étendue exige l'emploi des clés de sol prime, tierce et quarte, on emploie la clé de sol quarte lorsqu'on écrit un assez grand nombre de notes à l'octave de contre-basse; mais on peut faire usage du signe sous-octave 8 dans le cas où l'on écrit seulement une, deux ou trois notes passagères. Pour la contre-basse on n'emploie que la clé de sol quarte : pour le violon la clé de sol prime : pour l'alto les clés de sol seconde et prime : pour la basse les clés de sol tierce, seconde et prime : cela varie selon la portée ou l'étendue des instrumens (voyez le tableau de la portée des instrumens.)

Quoique les clés de sol seconde, tierce et quarte, indiquent chacune la position relative d'une seule octave grave, l'alto, la basse, la contre-basse, &c., exécutent des notes soit au-dessus, soit au-dessous, de ces octaves, sans changer de clé; mais alors ces notes sont à l'unisson de celles données par les clés ascendantes ou supérieures, et descendantes ou inférieures. Il en est de même de la clé de sol prime, avec laquelle on écrit des notes à l'unisson de celles que l'on obtient avec la clé de sol seconde. Les notes à l'unisson se trouvent dans les cases perpendiculaires correspondantes du tableau suivant: elles sont indiquées par des points.

Tableau des rapports qui existent entre

les quatre clés de sol prime, seconde, tierce et quarte.

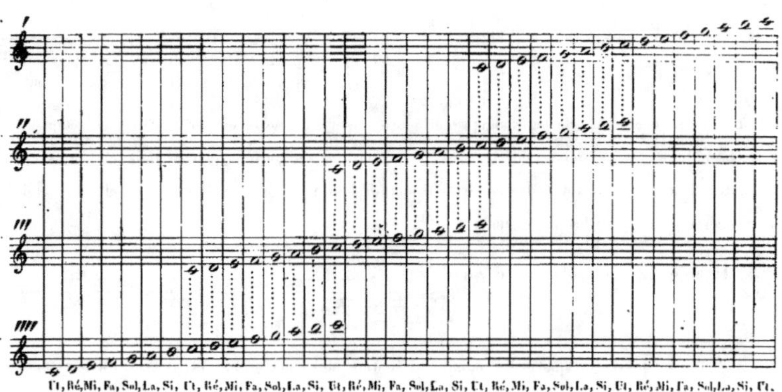

Gamme de sept octaves sur une seule portée.

Autre exemple d'une gamme de sept octaves, propre à éviter la plus grande partie des lignes ajoutées, au moyen des signes sur-octave et sur-bi-octave. (l'expression sur-bi-octave signifie deux octaves au-dessus.)

Tableau général des rapports qui existent entre la famille des clés de sol prime, seconde, tiérce, quarte, et les anciennes clés de sol 1re et 2e lignes; d'ut 1re, 2e, 3e et 4e lignes; et de fa 3e et 4e lignes. (Toutes les notes qui se trouvent entre deux mêmes lignes perpendiculaires sont des unissons, c'est-à-dire qu'elles se trouvent à la même octave et rendent le même son.)

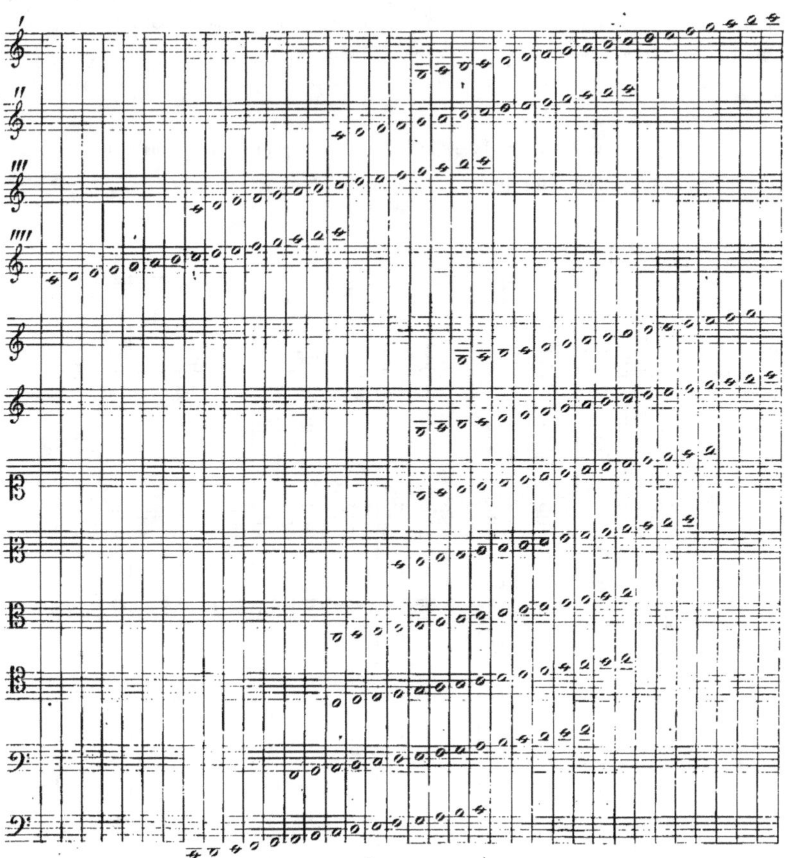

Ce tableau démontre l'identité des clés de sol prime et de sol ordinaire sur la 2e ligne. Il fait voir que ces deux clés correspondent à celle d'ut 1.re ligne : que la clé de sol seconde correspond aux clés d'ut 3.e et 4.e lignes : que la clé de sol tierce correspond à la clé de fa 4.e ligne : que la clé de sol quarte remplit la lacune qui existe dans l'ancien système, d'après lequel on écrit improprement les deux octaves de basse et de contre basse avec la clé de fa 4.e ligne. En effet, si l'on admet l'unité de clé pour la basse et la contre-basse, sous prétexte que la nature différente des deux instrumens établit la différence d'octave, il n'y a pas de raison pour ne pas admettre l'unité de clé pour la basse, l'alto et le violon, puisque la nature de ces deux derniers instrumens suffit également pour fournir des octaves différentes. On voit encore que, tout en ramenant les différentes clés à l'unité, il est cependant indispensable d'établir une différence entre-elles pour distinguer les portées des différentes sections de l'aigu, du médium et du grave.

Tableau des rapports et de l'étendue des quatre voix normales de soprano, contre-alto, tenor et basse-taille, d'après REICHA.

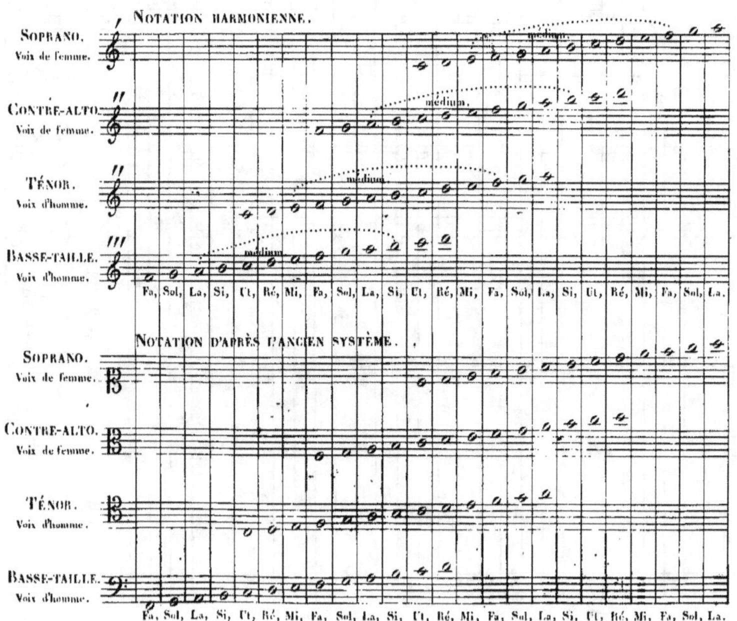

Ce tableau fait voir que l'étendue de la voix de soprano est égale à celle de tenor, mais à la distance d'une octave; et que l'étendue de la voix de contre-alto est la même que celle de basse-taille, mais également à la distance d'une octave.

Ces différentes voix doivent chanter dans leur médium; et quand on s'écarte de cette règle cela ne doit être que passagèrement.

On conçoit facilement que le chant écrit pour la voix de soprano peut être exécuté par la voix de ténor et réciproquement, puisque la nature de chaque voix établit la différence d'une octave au-dessus, pour celle de soprano, et d'une octave au-dessous, pour celle de ténor. Il en est de même de la musique écrite pour les voix de contre-alto et de basse-taille.

Tableau approximatif des rapports et de l'étendue des voix anormales ou mixtes de haute-contre et de bariton.

Les deux genres mixtes de voix d'homme, appelés haute-contre et bariton, sont exclus des chœurs du style rigoureux, parce que leur étendue n'a rien de fixe.

La voix de haute-contre tient le milieu entre celle de soprano et celle de tenor: elle se rapproche plus ou moins de la voix de contre-alto. La voix de bariton tient le milieu entre celle de ténor et celle de basse-taille.

Tableau des rapports et de l'étendue des instrumens.

(Les notes qui se trouvent dans les mêmes interlignes perpendiculaires sont des unissons.)

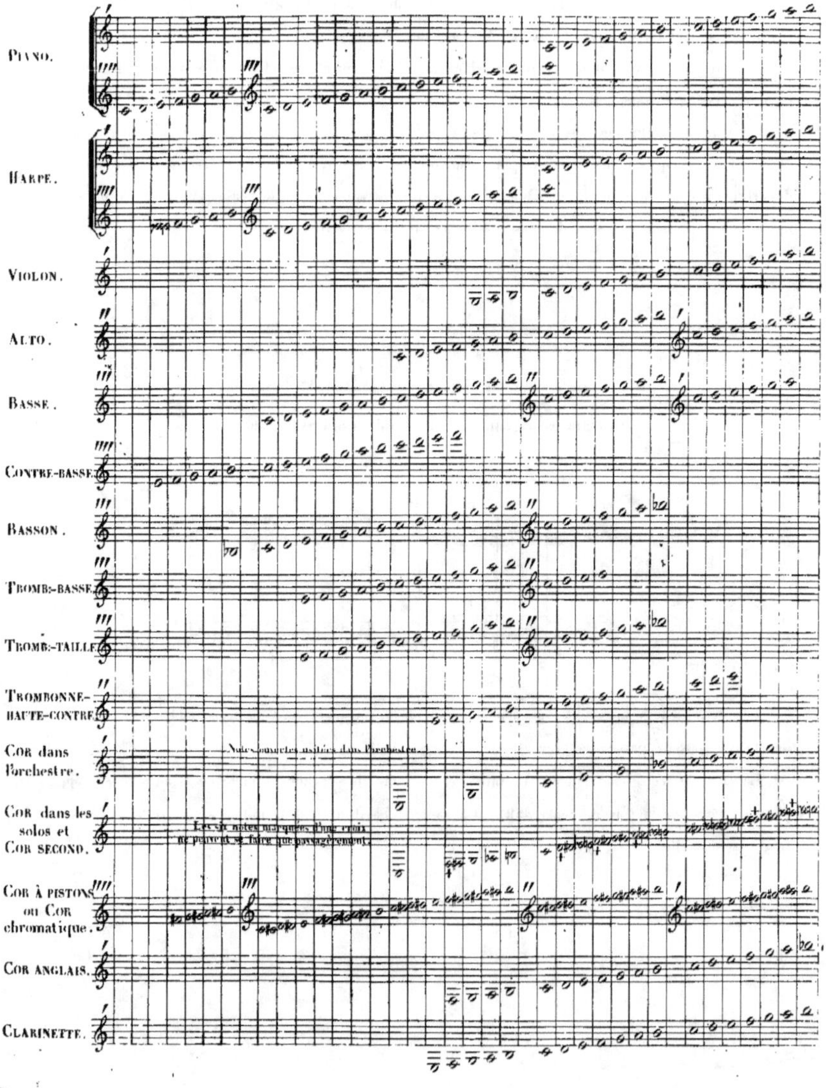

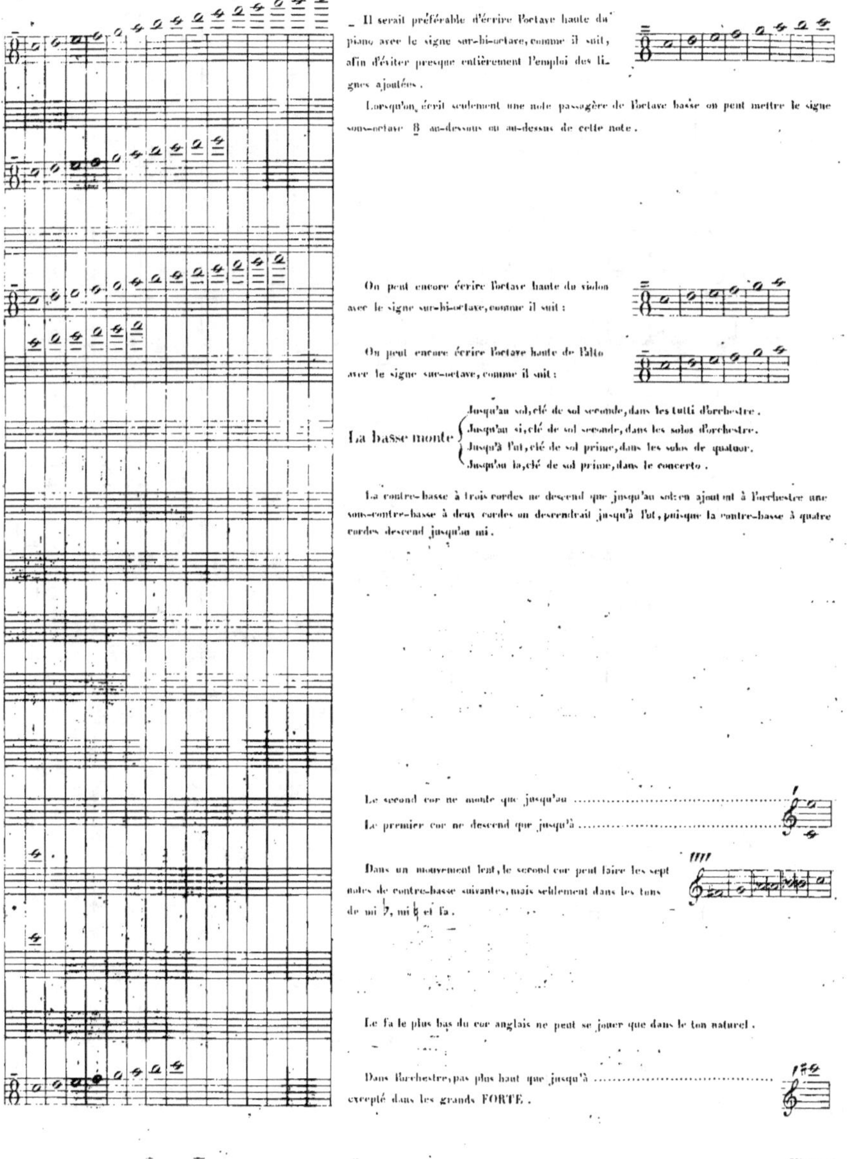

_ Il serait préférable d'écrire l'octave haute du piano avec le signe sur-bi-octave, comme il suit, afin d'éviter presque entièrement l'emploi des lignes ajoutées.

Lorsqu'on écrit seulement une note passagère de l'octave basse on peut mettre le signe sous-octave 8 au-dessous ou au-dessus de cette note.

On peut encore écrire l'octave haute du violon avec le signe sur-bi-octave, comme il suit :

On peut encore écrire l'octave haute de l'alto avec le signe sur-octave, comme il suit :

La basse monte
Jusqu'au sol, clé de sol seconde, dans les tutti d'orchestre.
Jusqu'au si, clé de sol seconde, dans les solos d'orchestre.
Jusqu'à l'ut, clé de sol prime, dans les solos de quatuor.
Jusqu'au la, clé de sol prime, dans le concerto.

La contre-basse à trois cordes ne descend que jusqu'au sol: en ajoutant à l'orchestre une sous-contre-basse à deux cordes on descendrait jusqu'à l'ut, puisque la contre-basse à quatre cordes descend jusqu'au mi.

Le second cor ne monte que jusqu'au ....

Le premier cor ne descend que jusqu'à ....

Dans un mouvement lent, le second cor peut faire les sept notes de contre-basse suivantes, mais seulement dans les tons de mi ♭, mi ♮ et fa.

Le fa le plus bas du cor anglais ne peut se jouer que dans le ton naturel.

Dans l'orchestre, pas plus haut que jusqu'à .... excepté dans les grands FORTE.

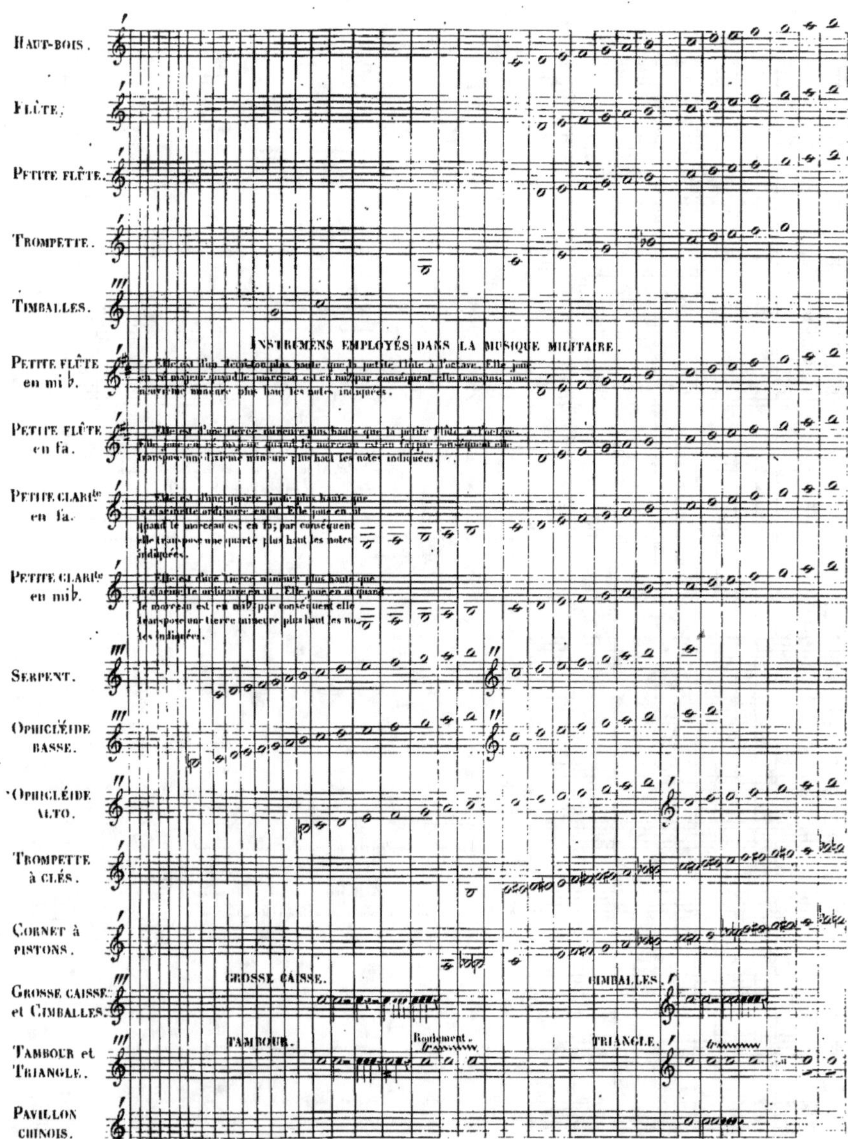
HAUT-BOIS.
FLÛTE.
PETITE FLÛTE.
TROMPETTE.
TIMBALLES.
INSTRUMENS EMPLOYÉS DANS LA MUSIQUE MILITAIRE.
PETITE FLÛTE en mi b.
PETITE FLÛTE en fa.
PETITE CLARIe en fa.
PETITE CLARIe en mib.
SERPENT.
OPHICLÉIDE BASSE.
OPHICLÉIDE ALTO.
TROMPETTE à clés.
CORNET à pistons.
GROSSE CAISSE et CIMBALLES.
GROSSE CAISSE.
CIMBALLES.
TAMBOUR et TRIANGLE.
TAMBOUR.
Roulement.
TRIANGLE.
PAVILLON CHINOIS.

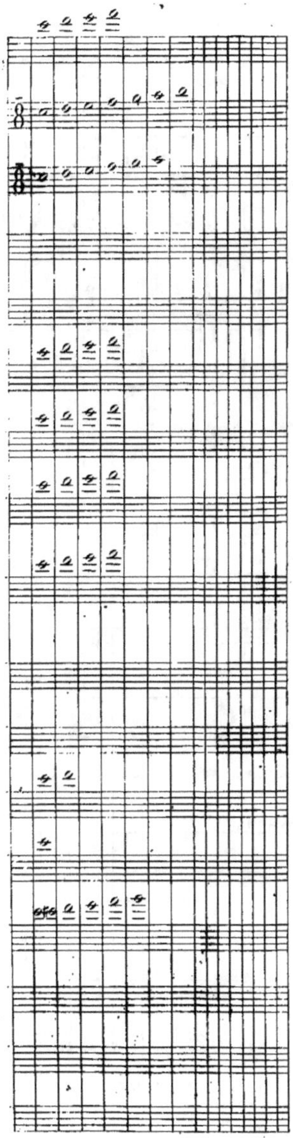

Dans l'orchestre on ne monte que jusqu'à ....

C'est à la flûte que l'on donne les notes les plus hautes de l'orchestre.

La petite flûte rend toujours une octave plus haut les notes écrites. Ce n'est que dans les fortissimo des tutti qu'on la fait monter plus haut que le ....

La trompette ne s'emploie ordinairement qu'en ut, en ré et en mi ♭.
Les trompettes en ré rendent cette étendue à la seconde supérieure majeure; les trompettes en mi ♭ la rendent à la tierce supérieure mineure.

Les timballes font souvent les notes de basse dans l'harmonie. Elles n'ont que deux sons: la tonique et la dominante; mais elles peuvent se transposer dans différens tons. On écrit comme si elles étaient toujours en ut, en indiquant le ton au commencement du morceau.

La première et la dernière note correspondent à ....

La première et la dernière note correspondent à ....

La première et la dernière note correspondent à ....

La première et la dernière note correspondent à ....

Notes peu usitées ....

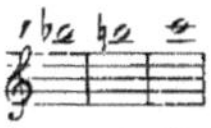

Notes peu usitées ....

On écrit ainsi les parties de grosse-caisse, tambour, cimballes, triangle, pavillon chinois, instrumens bruyans dont le son n'entre point dans les combinaisons de l'harmonie, et qu'on emploie pour augmenter l'énergie de la musique et marquer la mesure et ses temps avec force.

Tableau sténographique des rapports et de l'étendue des voix et des instrumens.

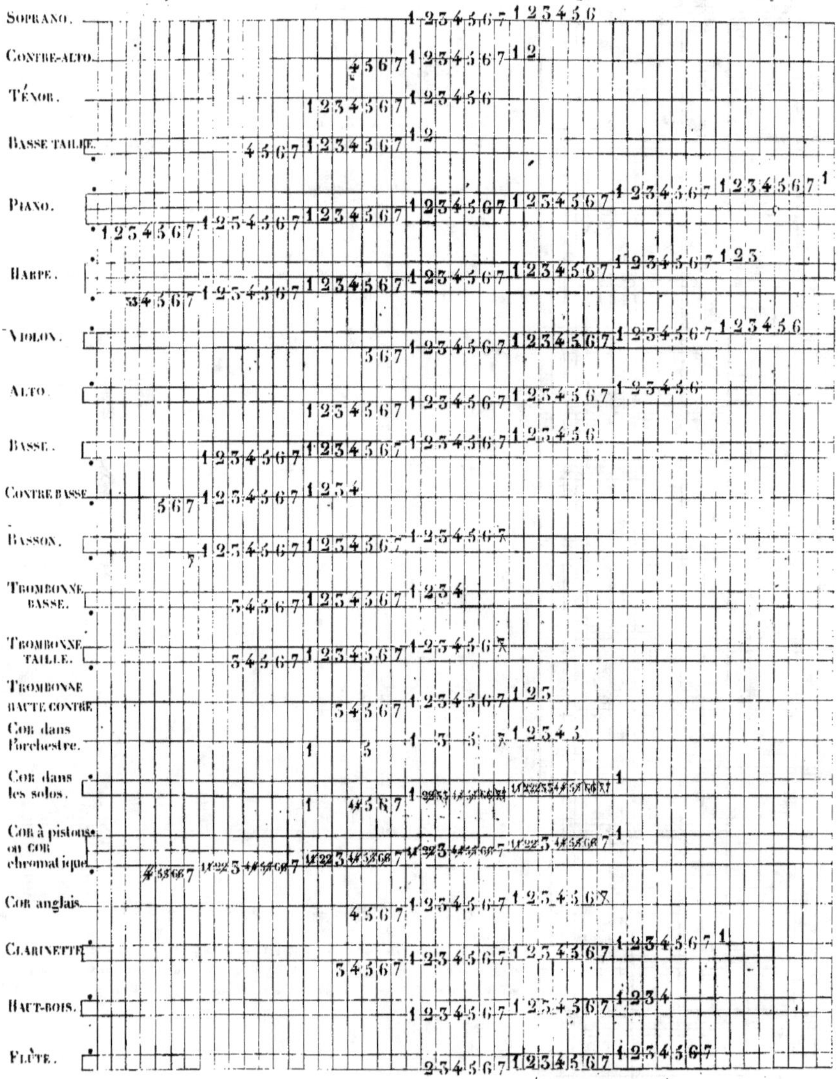

SOPRANO.

CONTRE-ALTO.

TÉNOR.

BASSE TAILLE.

PIANO.

HARPE.

VIOLON.

ALTO.

BASSE.

CONTRE BASSE.

BASSON.

TROMBONNE BASSE.

TROMBONNE TAILLE.

TROMBONNE HAUTE CONTRE.

COR dans l'orchestre.

COR dans les solos.

COR à pistons ou COR chromatique.

COR anglais.

CLARINETTE.

HAUT-BOIS.

FLÛTE.

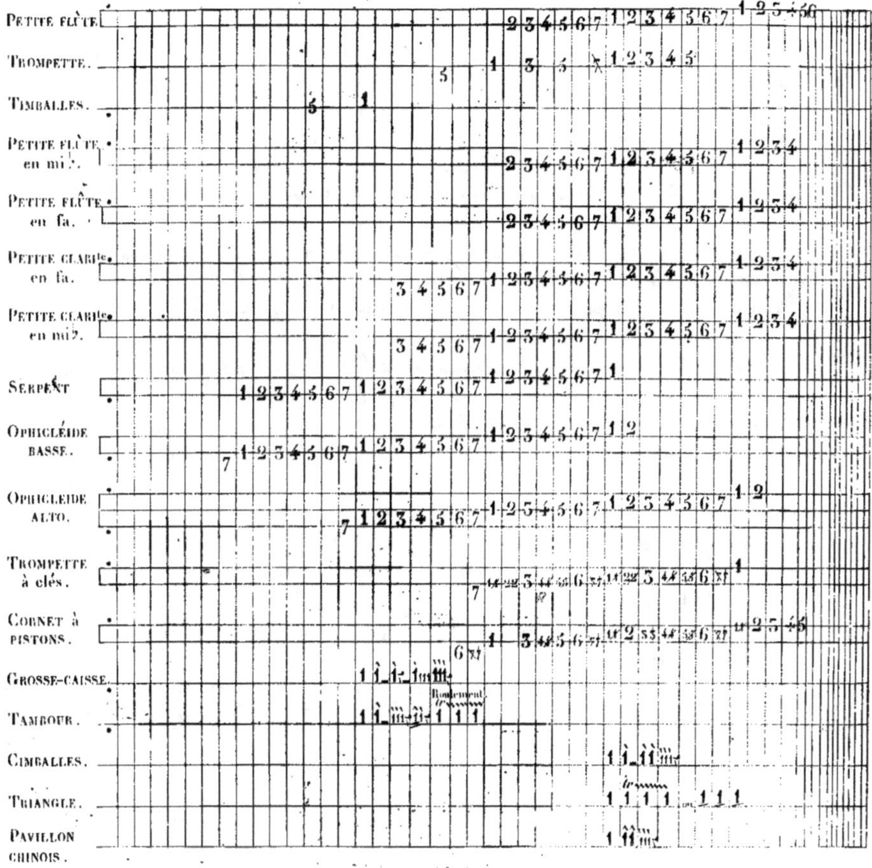

Des tons et demi-tons, et des signes qui servent à les modifier.

On appelle TON un degré d'élévation ou d'abaissement d'un son à un autre.

Au moyen de trois signes les sons peuvent être élevés ou abaissés d'un demi-ton, ou rétablis dans leur état naturel.

Le signe qui les porte un demi-ton ou un demi-degré au-dessus de leur état naturel s'appelle dièse ♯.

Le signe qui les porte un demi-ton ou un demi-degré au-dessous de leur état naturel s'appelle bémol ♭.

Le signe qui indique que la note est ramenée dans son état naturel s'appelle bécarre ♮.

Quand on ne met aucun de ces signes à la clé, cela indique qu'on doit lire les notes dans leur ton naturel: dans ce cas on ne les hausse et on ne les baisse qu'accidentellement, c'est-à-dire en mettant le # ou le ♭ devant la note qu'on veut modifier passagèrement.

Lorsque les dièses sont placés à la clé, toutes les notes correspondantes à ces dièses doivent être haussées d'un demi-ton: dans ce cas on ne les baisse qu'accidentellement.

Lorsque les bémols sont placés à la clé, toutes les notes correspondantes à ces bémols doivent être baissées d'un demi-ton: dans ce cas on ne les élève qu'accidentellement.

Lorsque ces signes sont seulement accidentels, leur effet ne subsiste que pendant la durée entière de la mesure. Cependant cet effet peut ne pas subsister aussi longtemps: il cesse d'avoir lieu aussitôt qu'un autre signe vient modifier ou détruire le premier.

Toutes les notes de la gamme peuvent être diésées ou bémolisées, c'est-à-dire qu'on peut les haus_ ser d'un demi-ton, à l'aide d'un dièse, ou les abaisser d'un demi-ton, à l'aide d'un bémol.

La note diésée correspond à la note supérieure bémolisée, lorsque l'intervalle est d'un ton dans la gamme primitive, et à la note supérieure naturelle lorsque l'intervalle est d'un demi-ton.

La note bémolisée correspond à la note inférieure diésée, lorsque l'intervalle est d'un ton dans la gamme primitive, et à la note inférieure naturelle lorsque l'intervalle est d'un demi-ton.

Lorsqu'on veut élever la note naturelle d'un ton, ou la note diésée d'un demi-ton, on emploie le dou_ ble dièse ✹ ou 𝄪. La note bi-diésée ou à double dièse redevient uni-diésée à l'aide d'un dièse simple.

Lorsqu'on veut baisser la note naturelle d'un ton, ou la note bémolisée d'un demi-ton, on emploie le double bémol ♭♭. La note di-bémolisée ou à double bémol redevient mono-bémolisée ou simplement bémolisée, à l'aide d'un seul bémol.

Les dièses se placent par quartes ou par distance de quatre degrés en descendant, et par quintes ou par distance de cinq degrés en montant.

Voici l'ordre dans lequel on les place:...........

Le la et le si se trouvant comme le sol au-dessus de la portée, on place les dièses correspondans à la sous-octave.

Les bémols se placent par quartes ou par distance de quatre degrés en montant, et par quintes ou par distance de cinq degrés en descendant.

Voici l'ordre selon lequel on les place:...........

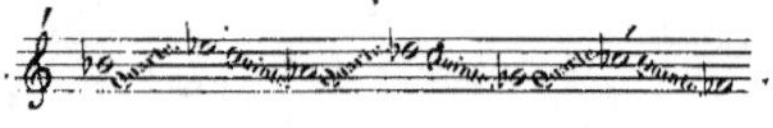

On verra bientôt que cette disposition des dièses et des bémols résulte de leur transport à la clé, selon la progression des unités 1, 2, 3, 4, 5, 6, 7.

Loi des rapports qui existent entre la gamme primitive ou fondamen_ tale et toutes les autres gammes secondaires, ou Origine des dièses et des bémols.

La gamme primitive ou fondamentale, qu'on appelle encore gamme naturelle, parce qu'elle n'offre au_ cun signe d'altération, est composée de cinq tons et de deux demi-tons.

Gamme primitive ou fondamentale. (Ton d'ut naturel.)

Les notes détachées ou isolées désignent les tons ou les plus grands intervalles qui existent entre les sons naturels; et les notes liées par des points indiquent les plus petits intervalles ou les demi-tons.

Dans ce tableau, on voit que les tons ou les grands intervalles existent entre la 1re note et la 2e; entre la 2e et la 3e; la 4e et la 5e; la 5e et la 6e; la 6e et la 7e: tandis que les deux demi-tons ou petits intervalles existent entre la 3e note et la 4e; la 7e et la 8e ou sur-octave de la première.

Quelle que soit la première note d'une gamme, celle-ci doit offrir invariablement cinq tons et deux demi-tons disposés comme dans la gamme primitive ou fondamentale. Or chacune des sept notes pouvant devenir la tonique ou le premier degré d'une gamme, il en résulte qu'il faut employer des signes d'altération en plus ou moins grand nombre, afin d'observer la loi des rapports dont nous venons de parler. Nous allons donner des exemples.

Gamme seconde. (Ton de ré majeur.)

Cette gamme, soumise à la loi ci-dessus exprimée, prouve qu'il faut un dièse devant le fa, puisque l'intervalle de mi à fa n'est que d'un demi-ton dans la gamme primitive, tandis que dans celle-ci l'intervalle de la seconde note à la troisième ou de mi à fa doit être d'un ton.

Dans la gamme primitive, l'intervalle de si à ut n'est que d'un demi-ton, tandis que dans la gamme seconde cet intervalle doit être d'un ton: il est donc indispensable, comme dans le premier cas, de doubler cet intervalle en mettant un dièse devant l'ut, de manière que l'intervalle de la 7e à la 8e note se trouve diminué d'une égale quantité.

Gamme troisième. (Ton de mi majeur)

Puisqu'il n'y a qu'un demi-ton de mi à fa, dans la gamme primitive, et que dans celle-ci le premier intervalle doit être d'un ton, il faut nécessairement élever le fa d'un demi-ton, à l'aide d'un dièse. Mais comme il ne reste plus qu'un demi-ton de fa dièse à sol naturel, à cause de l'augmentation du premier intervalle, il faut mettre un dièse devant le sol, et cela donne en même temps l'intervalle d'un demi-ton nécessaire entre sol et la. De si à ut il faut un ton que l'on obtient en plaçant un dièse devant l'ut; alors, comme il ne reste qu'un demi-ton d'ut dièse à ré naturel, il faut encore un dièse devant le ré, et de là résulte un demi-ton de ré à mi.

Gamme quatrième. (Ton de fa dièse majeur)

L'intervalle de la à si ne devant être que d'un demi-ton, il faut le diminuer en haussant le la d'un demi-ton, au moyen d'un dièse: de là résulte un ton et demi entre sol naturel et la dièse. Donc il faut placer un dièse devant le sol, pour réduire cet intervalle à un ton. Alors trouvant un ton et demi entre fa naturel et sol dièse, il faut également ramener cet intervalle à un ton, en plaçant un dièse devant le fa.

De si naturel à ut naturel il n'y a qu'un demi-ton; en conséquence il faut mettre un dièse devant l'ut. D'ut dièse à ré naturel il n'y a qu'un demi-ton; donc il faut placer un dièse devant le ré. De ré dièse à mi naturel il ne reste qu'un demi-ton: on met un dièse devant le mi; alors on a à la fois un ton de ré à mi et un demi-ton de mi à fa. Ici, on voit que la loi des rapports ou de l'analogie exige six dièses.

Gamme cinquième. (Ton de sol majeur) ....

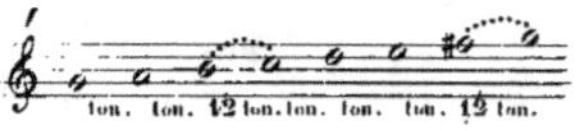

L'intervalle de mi à fa devant être d'un ton, il faut mettre un dièse devant le fa: il en résulte en même temps le demi-ton nécessaire entre fa et sol.

Gamme sixième. (Ton de la majeur) ....

L'intervalle de si à ut devant être d'un ton, il faut mettre un dièse devant l'ut; cela établit en même temps l'intervalle d'un demi-ton entre ut dièse et ré naturel. De mi à fa il faut un ton; en conséquence on met un dièse devant le fa: mais comme il ne reste qu'un demi-ton de fa dièse à sol naturel, il faut aussi mettre un dièse devant ce dernier, de manière qu'il ne reste qu'un demi-ton de sol à la.

Gamme septième. (Ton de si majeur) ....

De si à ut il faut un ton; en conséquence on doit placer un dièse devant l'ut: mais comme il ne reste qu'un demi-ton d'ut dièse à ré naturel, il faut également mettre un dièse devant le ré, de manière qu'il ne reste qu'un demi-ton entre cette note et le mi. De mi à fa il faut un ton: donc on doit mettre un dièse devant le fa. Alors, comme il ne reste qu'un demi-ton entre fa dièse et sol naturel, il faut mettre un dièse devant le sol. Par la même raison on met un dièse devant le la, et il ne reste qu'un demi-ton entre cette note et le si.

Gamme primitive et gammes secondaires précédentes,

avec les dièses transportés à la clé.

On doit transporter les dièses à la clé, afin de ne pas être obligé de les écrire devant chaque note dièsée qui se trouve dans le cours d'un morceau de musique.

Les dièses se trouvent disposés de quinte en quinte en montant et de quarte en quarte en descendant, lorsqu'on les pose à la clé, selon la progression des unités 1, 2, 3, 4, 5, 6, 7.

Gamme primitive ....

Gamme seconde ....

On obtiendra les gammes suivantes, où l'on trouve fréquemment des doubles dièses, si, en obser_
vant la même loi, on pose un dièse devant la première note de chaque gamme.

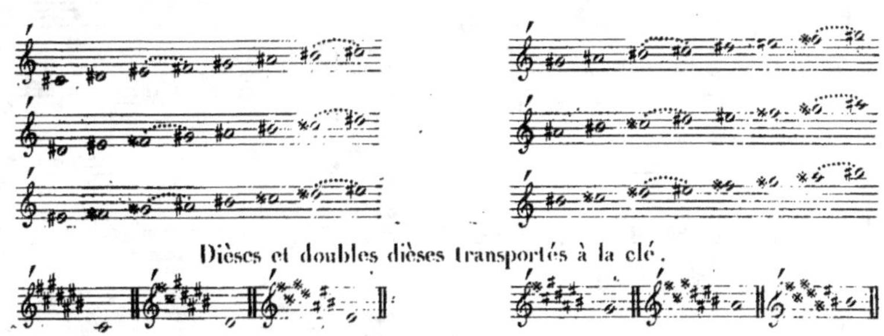

Dièses et doubles dièses transportés à la clé.

Les tons d'ut ♯, ré ♯, mi ♯, fa ♯, sol ♯, la ♯, si ♯, majeurs, ne s'emploient guère que pour les transitions, c'est-à-dire pour des passages de courte durée, qui servent à entrer d'un ton usité dans un autre.

Du Mode.

On appelle mode le ton dans lequel une pièce de musique est composée. Il y a deux modes, le ma_jeur et le mineur.

Dans le mode majeur il y a deux tons ou deux degrés d'élévation de la première note ou tonique, c'est-à-dire de la note qui donne le ton, à la troisième note au-dessus ou à la tierce majeure. Ainsi, le mode ou ton majeur est caractérisé par la tierce majeure.

Dans le mode mineur il y a un ton et demi ou un degré et demi de la première note ou toni_que à la troisième note ou tierce mineure. Ainsi le mode ou ton mineur est caractérisé par la tier_ce mineure. Le ton ou le degré se trouve toujours entre la 1.ʳᵉ et la 2.ᵉ note; et le demi-ton ou le demi-degré entre la 2.ᵉ et la 3.ᵉ.

Chaque ton majeur a son relatif mineur qui est situé une tierce mineure au-dessous. Les tons re_latifs majeurs et mineurs s'écrivent avec le même nombre de dièses ou de bémols.

Le ton d'ut naturel est le modèle des tons majeurs. Le ton de la naturel est le modèle des tons mineurs.

EXEMPLES.

Mode majeur....... 

Les trois sons principaux qui constituent le mode sont : la TONIQUE ou première note ; la TIERCE ou la troisième ; et la QUINTE ou la cinquième, qu'on appelle encore DOMINANTE parce qu'elle est plus élevée que les deux autres. Ces trois sons principaux forment entre eux l'accord le plus parfait.

Tableaux des tons relatifs majeurs et mineurs.

Les notes constitutives des gammes, c'est-à-dire celles qui les constituent essentiellement, sont : la tonique, la tierce, la quinte et la note sensible, ainsi appelée parce qu'elle fait pressentir la tonique qui se trouve un demi-ton au-dessus.

Tableau qui indique les trois manières d'exécuter les tons diésés mineurs.

Dans les gammes mineures ascendantes régulières, le premier demi-ton se trouvant entre la seconde note et la tierce, et le second demi-ton entre la note sensible ou 7e et la tonique sur-octave, il en résulte deux dièses accidentels. Dans les gammes mineures descendantes, les deux demi-tons se trouvent entre les mêmes notes que celles de la gamme relative majeure.

Dans les gammes mineures irrégulières de 1re espèce il y a trois demi-tons en montant et deux de_mi-tons en descendant: par conséquent, dans les gammes ascendantes, il existe un ton et demi entre la sixte et la 7e ou note sensible.

Dans les gammes mineures irrégulières de 2e espèce il y a trois demi-tons, soit en montant, soit en descendant: par conséquent, dans les gammes ascendantes et descendantes, il existe un ton et demi entre la sixte et la 7e ou note sensible.

Les deux espèces de gammes mineures irrégulières sont permises, parce qu'elles produisent souvent un effet agréable. Leur choix dépend du goût du compositeur.

Tout ce que nous avons dit sur l'origine des dièses s'applique à celle des bémols: en conséquence ces premières explications suffiront pour comprendre le tableau suivant.

Tableau indiquant l'origine des bémols.

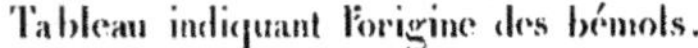

Lorsqu'on place les bémols à la clé, selon la progression des unités 1,2,3,4,5,6,7, ils se trouvent dis_posés de quarte en quarte en montant, et de quinte en quinte en descendant, comme on le verra dans le tableau suivant.

Tableau des tons relatifs majeurs et mineurs bémolisés.

Tableau qui indique les trois manières d'exécuter les tons bémolisés mineurs.

Manière de reconnaitre le ton relatif d'un morceau de musique.

Les tableaux précédens font voir que chaque ton majeur a son relatif mineur, et que réciproque_ment chaque ton mineur a son relatif majeur: que le ton relatif mineur est toujours la tierce au-des_sous du ton relatif majeur, et réciproquement le ton relatif majeur est toujours la tierce au-dessus du ton relatif mineur, soit qu'il y ait des dièses ou des bémols à la clé, soit qu'il n'y en ait pas.

Lorsqu'il n'y a ni dièses ni bémols à la clé, on est en UT MAJEUR si la gamme ascendante n'offre point de dièses accidentels; on est au contraire dans le ton relatif LA MINEUR si la gamme ascendante offre des dièses accidentels.

Lorsqu'il y a des dièses à la clé, le dernier dièse indique toujours la note sensible du ton majeur: par conséquent le ton majeur est caractérisé par la note qui se trouve au-dessus de ce dièse, et le ton mineur par la note qui se trouve au-dessous. Supposons qu'il y ait quatre dièses à la clé, le dernier dièse représentant un ré ou la note sensible, le morceau de musique se trouve dans le ton de mi majeur ou de son relatif ut dièse mineur.

Cette opération étant faite, on n'a plus qu'à déterminer si l'on est dans le ton relatif majeur ou mi_neur. Si la gamme ascendante n'offre point de dièses accidentels on est dans le ton de mi majeur: au contraire, on est dans le ton relatif ut dièse mineur si la gamme ascendante offre un dièse accidentel devant la note sensible du ton mineur.

Dans tous les cas, la note sensible du ton mineur offre toujours un dièse ou un double dièse acciden_tel dans la gamme ascendante.

Lorsqu'il y a un bémol à la clé la tonique du ton majeur est la quinte au-dessus ou la quarte au_dessous de ce bémol. Supposons un morceau de musique écrit avec le si ♭ à la clé: si l'on cher_che la quinte au-dessus du si, on voit que la musique est écrite dans le ton de fa majeur ou de son re_latif ré mineur; si l'on cherche la quarte au-dessous on obtient le même résultat. Lorsqu'il y a deux ou un plus grand nombre de bémols à la clé, la tonique du ton majeur est la quinte au-dessus ou la quar_te au-dessous du dernier bémol.

On peut encore reconnaitre plus rapidement la tonique du ton majeur à l'aide de l'avant dernier bémol qui représente toujours la note du ton. Supposons qu'il y ait trois bémols à la clé, l'avant dernier bémol représentant un mi, la musique est en mi ♭ majeur, ou dans le ton relatif ut mineur.

La tonique majeure étant déterminée, on reconnait que le morceau de musique est dans le ton bé_molisé majeur lorsque la gamme ascendante n'est altérée par aucun bécarre ni aucun dièse: il est au con_traire dans le ton relatif mineur lorsque la note sensible de ce ton est altérée par un bécarre ou un dièse.

Des trois genres diatonique, chromatique et synonimique.

Le genre DIATONIQUE, ou naturel est celui où l'on procède par tons et demi-tons naturels, c'est-à-dire sans dièses ni bémols. ....

Le genre CHROMATIQUE, est celui où l'on procède par demi-tons, à l'aide de dièses ou de bémols.

Les deux exemples ci-dessus font voir qu'il y a deux espèces de demi-tons: 1° le demi-ton diatonique dont les deux notes diffèrent de nom; 2° le demi-ton chromatique, dont les deux notes ne diffèrent pas de nom.

Le genre SYNONIMIQUE est celui où l'on passe d'une note diésée, ou naturelle, ou bémolisée, à sa synonime ou semblable. Les notes synonimes que l'on peut obtenir au moyen de dièses ou de bémols simples sont les suivantes:

Dans cet exemple, on voit que les notes SYNONIMES, quoique de noms différens, donnent le même son. Ces notes ont encore été appelées ENHARMONIQUES.

Des intervalles et de leurs renversemens.

On appelle intervalle la distance d'un son à un autre son plus grave ou plus aigu.

Il y a sept intervalles: savoir, ceux de seconde, de tierce, de quarte, de quinte, de sixte, de septième et d'octave ; 

et chaque intervalle peut se mo_

difier de plusieurs manières comme on le verra au tableau des intervalles et de leurs renversemens.

Pour ne pas multiplier inutilement les noms des intervalles, on est convenu de considérer les neuviè_mes comme des secondes, les dixièmes comme des tierces, &c., quoique l'effet n'en soit pas le même.

Renversement des intervalles.

En renversant les intervalles, c'est-à-dire en mettant la note grave ou la plus basse à l'octave au-des_sus, l'unisson devient octave, la seconde devient septième, la tierce sixte, la quarte quinte, la quinte quarte, la sixte tierce, la septième seconde, l'octave unisson.

UNISSON.	SECONDE.	TIERCE.	QUARTE.	QUINTE.	SIXTE.	SEPTIÈME.	OCTAVE.
	Un ton.	Deux tons.	Deux tons et demi.	Trois tons et demi.	Quatre tons et demi.	Cinq tons et demi.	Six tons.
OCTAVE.	SEPTIÈME.	SIXTE.	QUINTE.	QUARTE.	TIERCE.	SECONDE.	UNISSON.

Ce tableau peut être représenté par des chiffres,

1 2 3 4 5 6 7 8
8 7 6 5 4 3 2 1

Le renversement des intervalles opère les effets suivans:

1° Les intervalles DIMINUÉS deviennent des intervalles AUGMENTÉS.

2º. Les intervalles MINEURS deviennent des intervalles MAJEURS.

3º. Les intervalles MAJEURS deviennent des intervalles MINEURS.

4º. Les intervalles AUGMENTÉS deviennent des intervalles DIMINUÉS.

Les exemples suivans indiquent la cause qui change les intervalles majeurs en intervalles mineurs, les diminués en augmentés, dans leurs renversemens.

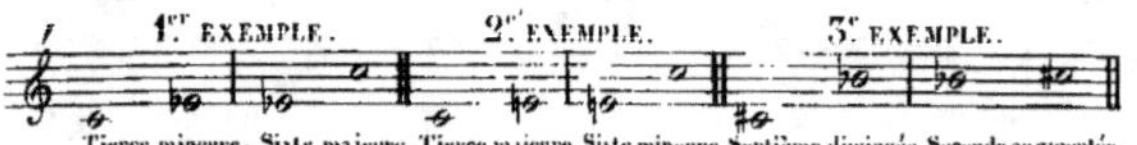

Dans le premier exemple, la tierce est mineure parce que mi ♭ est plus proche d'ut que mi naturel: la sixte est majeure, parce que mi ♭ est plus éloigné d'ut que mi naturel. Ainsi, le mi ♭ placé au-dessus d'ut raccourcit l'intervalle, et placé au-dessous il l'aggrandit.

Dans le second exemple, la tierce est majeure parce que mi naturel est plus éloigné d'ut que mi bémol: la sixte est mineure parce que mi naturel est plus proche d'ut que mi bémol.

La septième diminuée du 3e exemple est le plus court des intervalles de 7e; son renversement est par conséquent le plus grand des intervalles de seconde.

Tableau des intervalles avec leurs renversemens.

Les intervalles consonnans sont les 

Tous les autres intervalles sont dissonans.

La quarte juste, la quinte parfaite et l'octave s'appellent consonnances parfaites, parce que la moindre altération dans l'une des deux notes qui les composent en font des dissonances; tandis que la tierce et la sixte, qu'on appelle consonnances imparfaites, peuvent être majeures ou mineures sans cesser d'être consonnantes.

Lorsqu'on veut reconnaître la nature d'un grand intervalle il faut le renverser.

Les renversemens ne s'opèrent pas au-delà de l'octave.

De la Mesure.

La mesure est la division d'un morceau de musique en parties égales. Chaque mesure se subdivise elle-même en d'autres parties égales qu'on appelle temps.

On indique la mesure par deux lignes perpendiculaires qui coupent celles de la portée. On écrit entre ces deux lignes les notes ou les silences dont la valeur forme la durée plus ou moins longue de la mesure.

Les mesures primitives sont celles à deux et à trois temps: toutes les autres en dérivent.

Les mesures sont SIMPLES ou COMPOSÉES. Elles sont représentées par deux chiffres: le premier ou le supérieur indique le nombre de temps qu'il y a dans la mesure; le second ou l'inférieur indique la valeur du temps, dont la durée varie selon les différens mouvemens.

Les chiffres suivans représentent la valeur des temps.

1 représente la ronde .... 𝅝 ou unité.

2 représente la blanche................... 𝅗𝅥 ou demi-unité.

4 représente la noire .... 𝅘𝅥 ou quart d'unité.

8 représente la croche................... 𝅘𝅥𝅮 ou huitième d'unité.

16 représente la double croche .... 𝅘𝅥𝅯 ou seizième d'unité.

Cependant il est préférable d'indiquer le nombre de temps par un chiffre, et la valeur de chaque temps par la note qui le représente, en mettant après ces deux signes une ligne perpendiculaire formée par quatre points ⁞, afin de ne pas confondre la note qui indique la valeur de chaque temps avec les notes qui font partie du morceau de musique.

Mesures simples.

Toutes les mesures simples peuvent se rapporter à celles à deux temps et à trois temps: en effet, la mesure à quatre temps peut être considérée comme une mesure double à deux temps.

Mesures simples à deux et à quatre temps.

La première division de la ronde ou unité donne deux demi-unités ou deux blanches, c'est-à-dire la mesure à deux temps, qu'on écrit comme il suit: $\frac{2}{2}$ ou $\frac{2}{\text{𝅗𝅥}}$⁞. Dans cette mesure chaque temps est composé d'une blanche. On l'indique encore par les signes 2 ou ¢, qu'on devrait ne plus employer, parce que le premier est incomplet et le second insignifiant.

Dans la mesure à $\frac{2}{4}$ ou $\frac{2}{\text{𝅘𝅥}}$⁞, qui est une subdivision de la précédente, chaque temps est composé d'une noire: cette manière d'écrire est ordinairement employée pour les mouvemens rapides.

Quant à la mesure à $\frac{4}{4}$ ou $\frac{4}{\text{𝅘𝅥}}$, on voit qu'elle s'écrit avec les mêmes valeurs que celle à $\frac{2}{2}$ ou $\frac{2}{\text{𝅗𝅥}}$⁞, la seule différence est que l'on considère chaque noire comme un temps. Cette manière de diviser la mesure facilite la lecture de la musique, dans un mouvement lent. On l'indique encore par le signe C, qu'on devrait ne plus employer parce qu'il est insignifiant.

Les mesures à $\frac{2}{1}$ ou $\frac{2}{8}$, à $\frac{4}{1}$ ou $\frac{4}{8}$, à $\frac{4}{2}$ ou $\frac{4}{8}$, ne sont usitées que dans l'ancienne musique; on ne les emploie plus, parce qu'une seule unité suffit dans la mesure pour noter les mouvemens les plus lents.

Mesures simples à trois temps.

Dans la mesure à $\frac{3}{4}$ ou $\frac{3}{4}$, qui renferme les trois quarts de l'unité, chaque temps se compose d'une noire.

Dans la mesure à $\frac{3}{8}$ ou $\frac{3}{8}$, qui est une subdivision de la précédente, chaque temps est composé d'une croche: on écrit ordinairement de cette manière la musique dont le mouvement est rapide.

Les mesures à $\frac{3}{1}$ ou $\frac{3}{1}$, à $\frac{3}{2}$ ou $\frac{3}{2}$, ne sont plus usitées, parce que celle à $\frac{3}{4}$ ou $\frac{3}{4}$ suffit pour noter les mouvemens les plus lents.

Mesures composées.

On appelle mesure composée celle dont chaque temps peut se diviser en trois parties égales. Chaque mesure simple peut donner naissance à une mesure composée, comme on le verra dans les tableaux suivans.

On forme les mesures composées en ajoutant un point au temps de la mesure simple, de manière que ce temps est augmenté de la moitié de sa valeur.

On trouve les chiffres des mesures composées en multipliant par trois le chiffre supérieur qui représente le nombre des temps de la mesure simple, et par deux le chiffre inférieur qui représente leur valeur: le produit de cette multiplication donne les chiffres des mesures composées.

Mesures simples à deux temps.

Les mesures simples se distinguent par le chiffre supérieur qui est 2, 3, ou 4.

Les mesures composées se distinguent par le chiffre supérieur qui est 6, 9, ou 12.

Pour marquer la mesure à deux temps, on bat le premier temps avec la main ou le pied et on marque le second en haut. Le premier temps est fort; le second est faible.

Pour marquer la mesure à quatre temps, on bat le premier temps, on marque le second en dedans, le troisième en dehors, et le quatrième en haut. Le premier et le troisième temps sont forts; le second et le quatrième sont faibles.

Pour marquer la mesure à trois temps, on bat le premier temps, on marque le second en dedans ou en dehors et le troisième en haut. Le premier temps est fort et les deux autres sont faibles.

Le temps de la mesure simple se divise en deux parties égales, tandis que celui de la mesure composée se divise en trois.

ACCOLADE.

L'accolade est un trait qui sert à réunir plusieurs portées .... 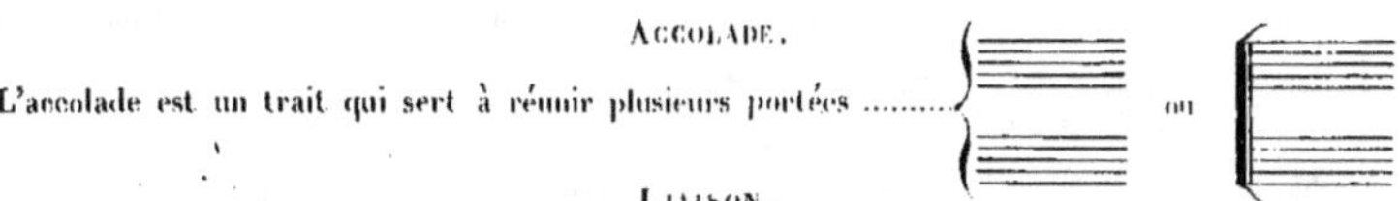 ou

LIAISON.

La liaison est une ligne courbe qui indique qu'on doit lier plusieurs notes d'un seul coup d'archet ou de gosier: on la met au-dessus ou au-dessous des notes..........

Lorsque la liaison est placée sur plusieurs unissons, elle indique qu'il faut soutenir les sons sans les répéter ....

DÉTACHÉ.

Le détaché est indiqué par de petites lignes perpendiculaires qu'on place au-dessus des notes. Chaque note doit être détachée bien distinctement de la précédente et de la suivante.....

PIQUÉ.

Le piqué s'exécute comme s'il y avait un silence entre chaque note. On l'indique en plaçant un point au-dessus ou au-dessous des notes.......

SYNCOPE.

La syncope est une note coupée par le temps ou par la mesure.

La syncope peut commencer au temps faible et se prolonger sur le temps fort.

Exemple. 

On peut aussi la commencer sur la seconde partie du temps fort et la prolonger sur la première du temps faible; alors on lui donne une expression inverse de la précédente, c'est-à-dire que l'on marque fort le commencement de chaque syncope. Exemple de la syncope commençant sur la 2.ᵉ partie de chaque temps... Autre exemple:

Les syncopes brisées sont formées par l'union de deux notes d'inégale valeur, dont la première partie

58

est plus grande que la seconde...............

Autrefois on écrivait les syncopes brisées avec des points......

POINT D'ORGUE.

Le point d'orgue ⌒ est un signe qui indique qu'on peut rester à volonté sur une note ou un silence.

Lorsqu'il est employé comme point d'arrêt ou de suspension il faut quitter la note aussitôt qu'on l'a attaquée............

Lorsqu'on l'emploie comme point de repos sur une note, on soutient plus ou moins longtemps cette note.

Exemple.......

Quelquefois on peut exécuter un petit trait entre le premier point d'orgue et la note qui le suit.

Exemple.......

Dans le point final ou la cadence, on peut exécuter des traits plus ou moins longs entre le second point d'orgue et la note qui le suit...........

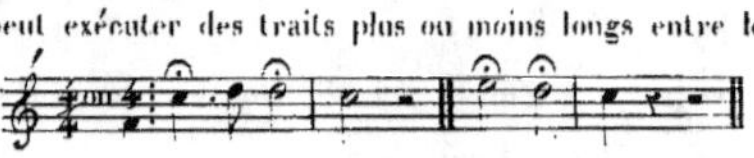

RENVOI.

Le renvoi est un signe qui indique qu'il faut recommencer l'exécution d'un morceau de musique, à l'endroit où se trouve un autre signe semblable. La figure qu'on emploie le plus souvent est celle-ci 𝄋. Les figures suivantes sont moins usitées: ⊕ ✸ ♯ [∷]

REPRISES.

La reprise est un signe formé de deux lignes perpendiculaires: elle indique les différentes parties d'un morceau de musique. Lorsque ce signe est accompagné de deux points, cela indique qu'il faut jouer deux fois la partie qui se trouve du côté des points: quand il n'y en a pas on ne l'exécute qu'une fois.

Exemple.......

NUANCES.

Les nuances servent à varier l'expression de la voix et des instrumens: on les indique de la manière suivante :

P.	Piano.	Doucement.	Cres.		Crescendo. En renforç.ᵃⁿᵗ les sons peu-à-peu.
PP.	Pianissimo.	Très-doucement.	Sm.		Smorzando. En éteignant les sons.
Dol.	Dolce.	Doux.	Dim.		Diminuendo. En diminu.ᵃⁿᵗ les sons peu-à-peu.
f.	Forte.	Fort.	Con brio.		Avec éclat avec vivacité.
ff.	Fortissimo.	Très-fort.	<		Signe de renforcement des sons.
sf.	Sforzato.	Forcé.	>		Signe d'affaiblissement des sons.
mf.	Mezzo forte.	Demi-fort.			

MOUVEMENS.

Les mouvemens ou degrés de lenteur et de vitesse de la mesure sont indiqués par les expressions sui_
vantes :

MOUVEMENS LENTS.

Largo ....Large; très-lent .

Adagio ou lento ....Commodément; lent .

Larghetto ou Sostenuto..Un peu moins lent qu'adagio,et d'un caractère plus gracieux.

Cantabile ....Un peu moins lent que larghetto;en chantant avec grâce et aisance.

Maestoso ....Majestueux et solennel;un peu moins lent que cantabile.

Andante ....Un peu moins lent que maëstoso.

Andantino ....Un peu moins lent qu'andante.

Moderato ....Modéré; moins lent qu'andantino.

Les expressions GRATIOSO, gracieux; AFFETTUOSO, affectueux; AMOROSO, amoureux; CON MOSSO, avec émo_
tion;indiquent plutôt le caractère que le mouvement d'un morceau de musique: il n'est pas convable de
les employer seules .

MOUVEMENS VIFS ET RAPIDES .

Prestissimo ....Très-vite .

Presto...........................Vite .

Allegro vivace ou assai.Gai, avec vivacité;moins vite que presto.

Allegro ....Gai; moins vite que vivace .

Allegretto ....Moins vite qu'allegro;d'un caractère gracieux .

Les expressions MODERATO, modéré; AGITATO, agité;servent à modifier les deux nuances de mouve_
mens allegro et allegretto .

Les mots AD LIBITUM signifient qu'on peut prendre un mouvement quelconque À VOLONTÉ .

DU MÉTRONOME DE MAËLZEL.

Les expressions précédentes à l'aide desquelles on indique les divers mouvemens n'ont qu'une significa_
cation vague,car elles peuvent être interprétées suivant la volonté de l'exécutant: d'ailleurs elles sont in_
suffantes pour indiquer toutes les nuances qui existent entre le mouvement le plus lent et celui qui est
le plus accéléré;de sorte que dans l'exécution de la musique il arrive souvent qu'on ne rend pas exactement
la pensée de l'auteur.

Le métronome de Maëlzel offre l'avantage d'indiquer avec une extrême précision tous les mouvemens
possibles. Cet instrument est un balancier dont les vibrations sont accélérées ou ralenties,suivant qu'on le
raccourcit ou qu'on l'alonge au moyen d'un contre-poids mobile. Les numéros d'une échelle placée derrière
le balancier indiquent le nombre de ses vibrations dans l'espace d'une minute .

De la combinaison des divers degrés de mouvement que donne le métronome,avec ceux que l'on obtient par la valeur musicale donnée aux vibrations du balancier, valeur qui peut être celle d'une croche, d'une noi-re, d'une blanche, et même celle d'une mesure entière, il résulte une série de près de 200 mouvemens qui peuvent exprimer toutes les nuances possibles. Le mouvement est d'autant plus accéléré qu'il prend un nu-méro plus élevé et qu'on donne une valeur plus grande à chaque vibration.

On indique le mouvement au commencement d'une pièce de musique et à chaque endroit où il change; on l'écrit comme dans l'exemple suivant : ♩ = 50 du métronome de Maëlzel. Pour exécuter un morceau de musique dans ce mouvement, il faut placer le contre-poids sur le N°. 50, et donner à chaque vibration la valeur d'une croche. Il en est de même pour les autres degrés de l'échelle et les différentes valeurs qu'in-dique une vibration.

DE LA MÉLODIE.

La mélodie est une succession de sons d'où résulte un chant agréable. Elle doit toujours être soumise aux lois du rhythme ou de la mesure. On peut la varier extrêmement lorsqu'on change la valeur des no-tes et le nombre des mesures qui la composent.

La mélodie est SIMPLE ou COMPOSÉE: simple, quand elle n'est formée que de notes réelles ou essentiel-les; alors toutes les notes de cette mélodie se trouvent dans les accords d'accompagnement; composée, lors-que les notes essentielles sont accompagnées de notes passagères ou dissonances passagères, c'est-à-dire étrangères aux accords d'accompagnement.

Exemples de mélodie où les notes passagères sont indiquées par un trait.

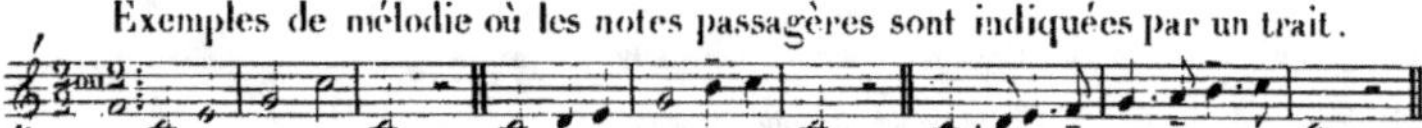

DES NOTES D'AGRÉMENT OU APPOGIATURES.

Appogiatures simples.

L'appogiature simple est une note étrangère à l'accord: elle se lie à la note réelle qu'elle retarde.

Les appogiatures s'écrivent avec de petites notes et souvent avec des notes ordinaires.

On appelle appogiature supérieure celle qui est plus élevée que la note qu'elle précède. Cette appogia-ture se trouve à la distance d'un ton ou d'un demi-ton de la note réelle.

Exemple .... 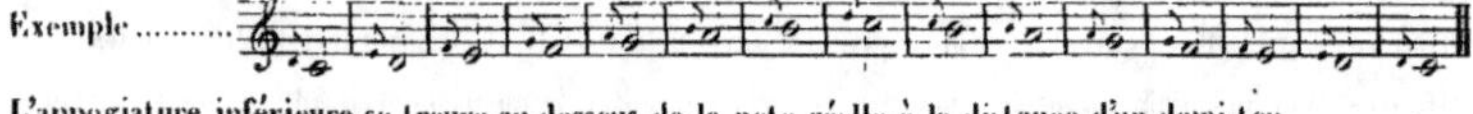

L'appogiature inférieure se trouve au-dessous de la note réelle, à la distance d'un demi-ton.

Exemple .... 

La valeur et la durée d'une petite note ou appogiature pouvant varier depuis celle d'une triple croche jusqu'à celle d'une blanche, il faut ôter à la note réelle qui la suit autant de valeur qu'on en donne à l'ap-pogiature ....

Pour exécuter les appogiatures en solfiant, il faut nommer seulement la note réelle ou essentielle, c'est-à-dire qui fait partie de l'accord, en lui donnant d'abord le son de l'appogiature, sur laquelle on appuie de manière à lier convenablement les deux notes. Il en est de même des groupetti, des anticipations et des ports de voix.

Groupetti ou appogiatures composées.

Les groupetti ou petits groupes de deux ou trois notes s'écrivent en petites notes quand on les place avant la note réelle; et des deux manières quand on les place après.

L'appogiature placée avant ou après la note réelle prend toujours sa valeur aux dépens de celle-ci. Elle se chante en prononçant le nom de la note réelle.

Anticipations.

L'anticipation est une note réelle prise avant le temps où elle se trouve dans la mélodie simple, et qui sert à lier les sons qui se succèdent.

Port de voix.

Le port de voix est une petite note ou une note réelle d'une valeur toujours plus courte que celle de la note qui suit, et dont l'intervalle varie depuis la tierce jusqu'à l'octave. Cette petite note ou note brève est tantôt supérieure et tantôt inférieure, c'est-à-dire plus élevée ou plus basse que la note qui suit.

Le port de voix est préparé lorsque la petite note qui le constitue est précédée d'une note réelle semblable.

Le port de voix non préparé n'est pas précédé d'une note semblable.

Trille ou Cadence.

Le trille est un ornement du chant qui se compose de la note réelle et de son appogiature supérieure, et qu'on exécute en passant plus ou moins rapidement d'une note à l'autre. Il est encore appelé cadence, parce qu'on l'emploie souvent lorsqu'on termine une phrase harmonique par un repos. On le prépare par la note réelle ou par l'appogiature soit supérieure soit inférieure. On l'indique par le signe *tr*.

DE LA TRANSPOSITION.

Transposer c'est transcrire, chanter ou jouer sur un ton différent de celui dans lequel la musique est notée. Donc on transpose de deux manières; par écrit ou par pensée. La transposition par écrit est préférable, parce qu'elle est facile. La transposition spontanée offre toujours des difficultés, parce qu'on est obligé de supposer l'existence d'une autre clé.

Pour exécuter la musique purement instrumentale et les chœurs, où l'on n'emploie que des voix nor_males, on n'a jamais besoin de transposer, parce que ces différentes voix et ces divers instrumens ont des sons fixes. Pour quelques instrumens à vent la transposition s'opère d'elle-même par des corps de rechange.

La transposition est également inutile pour les deux voix anormales de haute-contre et de bariton, lorsqu'on écrit la musique en se conformant à la portée de ces voix.

Dans tous les cas les difficultés de la transposition spontanée ou par pensée sont absolument nulles pour les voix normales et anormales, parce que le diapason de chaque voix opère naturellement la trans_position. Il n'en est pas de même pour les instrumens d'accompagnement dont le diapason est fixe.

Jusqu'ici, comme on ne s'est servi que d'une seule méthode de chant pour enseigner la musique vo_cale, il est évident que la transposition devenait fréquente et indispensable pour celui qui accompagnait les différentes voix avec cette même méthode. Mais en écrivant convenablement deux méthodes de chant, savoir: la première pour les deux voix correspondantes de soprano et de ténor; la deuxième pour les deux voix correspondantes de contre-alto et de basse-taille, toutes les difficultés disparaîtront. La deuxiè_me méthode pourrait encore servir pour les deux voix anormales de haute-contre et de bariton, puisque la voix de haute-contre se rapproche plus ou moins de celle de contre-alto et que celle de bariton se rapproche plus ou moins de la voix de basse-taille. Toute voix qui n'a pas l'étendue de l'un des genres normaux ou anormaux ne peut être employée pour le chant.

De tout ce que nous venons de dire, on peut conclure que la transposition ne s'appliquera qu'à un très-petit nombre de cas; par exemple, lorsqu'une voix, ayant l'étendue prescrite, ne différera de son type que d'un ton qui, manquant en bas, se retrouvera au-dessus; ou qui, manquant au-dessus, se retrou_vera en bas; ou lorsqu'un morceau de chant n'embrassant pas toute l'étendue d'une voix, celle-ci acquer_rait plus d'éclat en transposant d'un demi-ton ou d'un ton plus haut. Et même dans ces deux cas on peut facilement éviter les difficultés de la transposition spontanée, en transposant par écrit, à l'aide du tableau suivant.

TRANSPOSITION PAR ÉCRIT.

Tableau pour transcrire facilement la musique dans un ton quelconque
ascendant, en le lisant de haut en bas, et descendant, en le lisant de bas en haut.

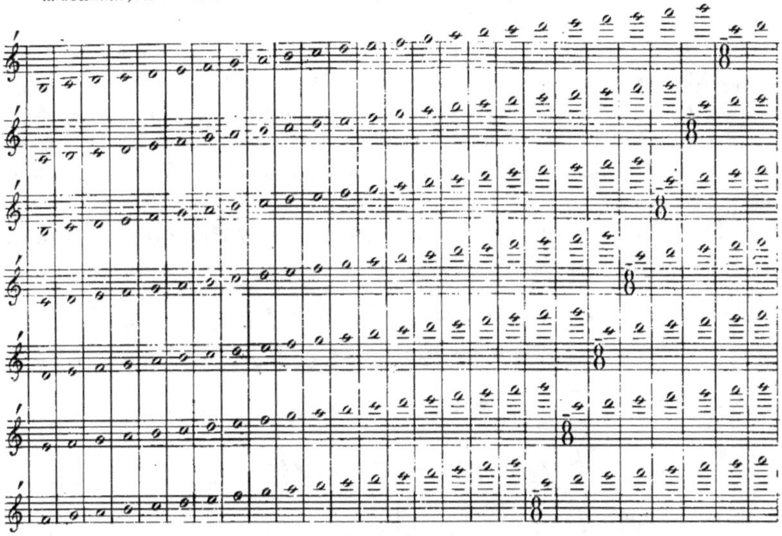

Même tableau écrit de manière à éviter l'emploi de la plupart des lignes ajoutées.

Pour transposer par écrit, on cherche d'abord, dans la première colonne perpendiculaire, la tonique cor_
respondante à celle de la musique que l'on veut transposer; puis la tonique ou la note qui donne le ton dans

lequel on veut transposer. En partant de ces deux points fixes et en parcourant horizontalement les deux portées, on trouve dans la même colonne perpendiculaire la note écrite et celle qu'on doit écrire pour la remplacer.

On ajoute à la clé ou accidentellement les dièses, les bémols ou les bécarres nécessaires, selon que la transposition a lieu dans des tons majeurs, mineurs ou naturels. Quel que soit le ton dans lequel on veut transposer, il faut toujours conserver exactement les mêmes intervalles de tons et de demi-tons majeurs ou mineurs qui se trouvent entre chaque note. Par exemple, si l'on voulait baisser un morceau de musique qui aurait des dièses à la clé, en y substituant des bémols, les dièses qui se trouveraient accidentellement dans le courant de la musique écrite deviendraient des bécarres, et les bécarres deviendraient des bémols dans la musique transposée.

On voit que, par sa simplicité et sa disposition, le tableau précédent offre autant de facilité pour la transposition que la table de Pythagore en présente pour la multiplication.

EXEMPLES DE TRANSPOSITION PAR ÉCRIT.

TRANSPOSITION SPONTANÉE OU PAR PENSÉE.

Lorsqu'on veut transposer seulement par pensée, il faut suivre un autre procédé dont les difficultés sont à-peu-près analogues à celles de l'ancien système, mais qui offre cependant sur celui-ci l'avantage de l'unité des clés de transposition pour tout l'orchestre. Les instrumentistes sont alors obligés de supposer une nouvelle clé de sol, puisque, avec des instrumens qui rendent des sons fixes, ils jouent des notes différentes de celles qui sont écrites.

La connaissance des clés de transposition est absolument inutile pour les personnes qui chantent, parce que la voix opère elle-même la transposition.

Si les instrumentistes sont obligés de transposer spontanément, pour accompagner la musique écrite convenablement pour les différentes sortes de voix, la transposition s'opère tout au plus d'un demi-ton ou d'un ton au-dessus ou au-dessous des notes écrites: en conséquence, il suffit de connaitre la gamme de la clé de sol premier interligne, pour monter, et celle de la clé de sol deuxième interligne, pour descendre d'un demi-ton ou d'un ton.

Dans le tableau suivant, les anciennes clés se trouvent en regard des clés de transposition, afin de faire connaître leurs rapports, et de prouver que l'ancien système est complètement remplacé et en outre simpli_fié dans tous les cas de transposition spontanée.

La première colonne verticale offre des sols à l'unisson, quoique placés sur différens points de la portée. Les autres colonnes verticales offrent des notes de même figure, c'est-à-dire placées sur les mêmes lignes ou interlignes de la portée, et qui fournissent des sons différens.

La gamme modèle, c'est-à-dire celle qui est écrite avec la clé de sol sur la deuxième ligne, se trouve pla_cée au centre, de manière que les trois gammes supérieures peuvent servir à hausser, et les trois gammes in_férieures à baisser de trois tons ou de six demi-tons, la musique écrite.

Tableau des clés de transposition spontanée.

(On n'emploie jamais ces clés pour écrire la musique : leur existence n'est que supposée.)

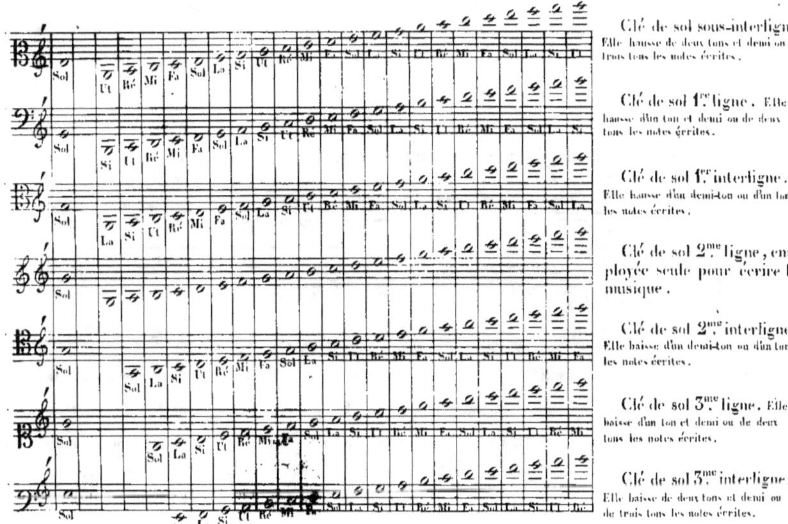

Ce tableau est écrit avec la clé de sol prime, mais on peut se le représenter écrit en entier avec les clés de sol seconde, tierce, quarte, placées sur les mêmes lignes et interlignes, de sorte que si tout un orchestre était obligé de transposer spontanément, toutes les clés de sol prime, seconde, tierce et quarte se_raient supposées sur la même ligne ou dans le même interligne.

La clé de sol ainsi supposée sur plusieurs lignes et interlignes est d'un choix facile et remplace exacte_ment les anciennes clés, qui offraient non seulement de graves inconvéniens dans la musique écrite, mais en_core des difficultés dans leur choix pour la transposition. On aura une idée de ces difficultés en prenant pour exemple le même chant noté avec plusieurs clés: on verra que la partie écrite avec la clé de sol devra être transposée avec les clés d'ut 5°. ligne, 4°. ligne, 1°. ligne; celle écrite avec la clé d'ut 1°. ligne devra être transposée avec les clés d'ut 4°. ligne, fa 3°. ligne, ut 2°. ligne; la partie écrite avec la clé d'ut 3°. ligne devra être transposée avec les clés de fa 4°. ligne, sol 2°. ligne, ut 4°. ligne; celle écrite avec la clé d'ut 4°. ligne devra être transposée avec les clés de sol 2°. ligne, ut 1°. ligne, fa 3°. ligne; celle écrite avec la clé de fa 4°. ligne devra être transposée avec les clés d'ut 2°. ligne, ut 3°. ligne, sol 2°. ligne, selon qu'on voudra hausser ou baisser plus ou moins le ton.

On peut encore transposer spontanément en s'habituant à lire la musique une seconde ou une tierce au-dessus ou au-dessous des notes écrites, sans supposer aucune clé de transposition.

* Exemple de la notation sur onze lignes. (Voyez page 13.)

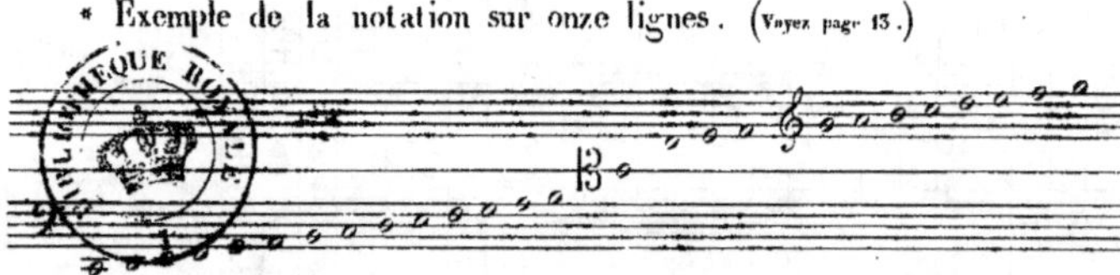

On voit que cette manière de noter la musique sur onze lignes exige l'emploi des trois clés de fa 4°. ligne, d'ut 3°. ligne, et de sol 2°. ligne; et que les notes correspondantes des différentes octaves ne se trouvent plus sur les mêmes lignes et interlignes. En effet, si l'on forme la portée de la clé d'ut avec la ligne du médium et les deux lignes supérieures et inférieures, l'ut se trouvera sur la 3°. ligne; tandis qu'il sera dans le 2°. interligne de la portée de la clé de fa, et dans le 3°. interligne de la portée de la clé de sol.

www.ingramcontent.com/pod-product-compliance
Lightning Source LLC
LaVergne TN
LVHW022347170726
843503LV00008B/3590